Mündliche Prüfung Bilanzbuchhalter (IHK)

D1729317

Christian Thurow

Mündliche Prüfung Bilanzbuchhalter (IHK)

Souverän den Prüfungsteil C meistern

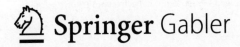

Christian Thurow
Surbiton/Surrey
United Kingdom

ISBN 978-3-8349-3998-2   ISBN 978-3-8349-3999-9 (eBook)
DOI 10.1007/978-3-8349-3999-9

Die Deutsche Nationalbibliothek verzeichnet diese Publikation in der Deutschen Nationalbibliografie;
detaillierte bibliografische Daten sind im Internet über http://dnb.d-nb.de abrufbar.

Springer Gabler
© Springer Fachmedien Wiesbaden 2013

Lektorat: Anna Pietras, Walburga Himmel

Gedruckt auf säurefreiem und chlorfrei gebleichtem Papier

Springer Gabler ist eine Marke von Springer DE. Springer DE ist Teil der Fachverlagsgruppe Springer
Science+Business Media.
www.springer-gabler.de

Vorwort

Die Nachfrage nach Fachkräften im Finanz- und Rechnungswesen ist in Deutschland nach wie vor ununterbrochen stark. Entsprechend gut sind die Berufschancen und -perspektiven für erfolgreiche Absolventen / Absolventinnen der renommierten Weiterbildungsprüfung zum „Geprüften Bilanzbuchhalter / Geprüfte Bilanzbuchhalterin (IHK)". Die letzte Hürde vor dem Bestehen dieser Weiterbildungsprüfung stellt der Prüfungsteil C dar, bei welchem der Schwerpunkt auf Präsentation und Fachgespräch liegt. Obwohl dieser Prüfungsteil kein neues Fachwissen erfordert, der Prüfungsstoff sogar nachweislich ausreichend beherrscht wird, tun sich viele Prüfungsteilnehmer bzw. Prüfungsteilnehmerinnen schwer mit Vorbereitung und Prüfung. Die letzte Hürde ist hoch. Das vorliegende Buch soll dazu dienen, die Hürde etwas kleiner werden zu lassen. Neben einer kurzen Repetition der wichtigsten Prüfungsinhalte werden anhand praktischer Beispiele und Übungen wertvolle Tipps für ein erfolgreiches Bestehen der Prüfung gegeben.

Non scholae, sed vitae discimus – Nicht für die Schule, sondern fürs Leben lernen wir. Diese Verdrehung des alten Seneca Ausspruchs gilt insbesondere für den Prüfungsteil C. Die Beherrschung wirkungsvoller Präsentationstechniken stellt in vielen Berufen heutzutage eine Schlüsselqualifikation dar. Auch im Finanz- und Rechnungswesen sind die Tage des „Erbsenzählers mit Ärmelschonern" vorbei. Monats-, Quartals-, Halbjahres- und Jahresabschlüsse müssen vor internen und externen Stakeholdern präsentiert, Projekte und die Erreichung erfolgreicher Projektmeilensteine den zuständigen Lenkungskomitees vorgestellt werden. Fachliche Qualifikation alleine reicht nicht mehr aus. Entscheidend ist, wie man sein Wissen und Können darstellt, wie man sich präsentiert. Dies fängt schon beim Vorstellungsgespräch an. Leider werden die Kompetenzen „Präsentation" und „Gesprächsführung" im deutschen Schul- und Ausbildungssystem nur sehr stiefmütterlich behandelt. Auch in der Freizeit der zumeist jüngeren Prüfungsteilnehmer und Prüfungsteilnehmerinnen werden in Zeiten von Twitter, SMS und Co. andere Kompetenzen verlangt. Einer der wesentlichen Faktoren für berufliches Weiterkommen und beruflichen Erfolg wird somit in der beruflichen Qualifikationsphase nicht entwickelt und trainiert.

Von daher sollten angehende Bilanzbuchhalter und Bilanzbuchhalterinnen den Prüfungsteil C nicht als notwendiges Übel ansehen, sondern die einmalige Chance nutzen, sich diese wertvollen persönlichen Kompetenzen zu erarbeiten. Der positive Nutzen hiervon wird weit über die bestandene Prüfung hinaus anhalten. Möge das vorliegende Buch Sie hierbei unterstützen.

Frankfurt, im März 2013   Christian Thurow

Inhaltsverzeichnis

Abkürzungsverzeichnis

(S)AV	(Sach)Anlagevermögen
a.o. Ergebnis	außerordentliches Ergebnis
CFBIT	Cashflow before Interest and Taxes
EBIT	Earnings before Interest and Taxes
EBITDA	Earnings before Interest, Taxes, Depreciation and Amortization
EBT	Earnings before Taxes
EK	Eigenkapital
FiFo	First in First out
FK	Fremdkapital
GK	Gesamtkapital
GKV	Gesamtkostenverfahren
GuV	Gewinn- und Verlustrechnung
HGB	Handelsgesetzbuch
IFRS	International Financial Reporting Standards
Jü	Jahresüberschuss
LiFo	Last in First out
NOPAT	Net Operating Profits after Tax
ROCE	Return on Capital employed
ROI	Return on Investment
St.v.EE	Steuern vom Einkommen und Ertrag
UD	Umschlagsdauer
UH	Umschlagshäufigkeit
UKV	Umsatzkostenverfahren
VFE-Lage	Vermögens-, Finanz- und Ertragslage

1 Die Bilanzbuchhalter Teil C Prüfung

1.1 Einleitung

Im Jahr 2007 wurde die Bilanzbuchhalterprüfung durch die „Verordnung über die Prüfung zum anerkannten Abschluss Geprüfter Bilanzbuchhalter/Geprüfte Bilanzbuchhalterin" (BibuchhPrV 2007) neu strukturiert. In diesem Zusammenhang wurde die Bilanzbuchhalterprüfung um einen Prüfungsteil C ergänzt. Dieser eigenständige Prüfungsteil besteht aus einer Präsentation und einem darauf aufbauenden Fachgespräch. Der Prüfungsteil C erfordert kein neues Fachwissen, da er sich fachlich auf bereits geprüfte Fächer bezieht. So muss der Präsentation eine Aufgabe aus dem Bereich „Berichterstattung; Auswerten und Interpretieren des Zahlenwerkes für Planungs- und Kontrollentscheidungen" zugrunde liegen. Das anschließende Fachgespräch soll auch die Bereiche „Erstellen von Zwischen- und Jahresabschlüssen und des Lageberichts nach nationalem Recht" sowie „Erstellen von Abschlüssen nach internationalen Standards" einbeziehen.

> Alle im Prüfungsteil C geprüften Handlungsbereiche sind bereits einmal erfolgreich absolviert, wenn ein Prüfungsteilnehmer bzw. eine Prüfungsteilnehmerin in die Teil C Prüfung geht.

Obwohl der Prüfungsteil C somit kein neues Fachwissen abverlangt, sollte er dennoch nicht auf die leichte Schulter genommen werden, da er einen **neuen Zugang** zu dem vorhandenen Fachwissen erfordert. Statt rechnerischer Richtigkeit kommt es nun auch auf die präzise verbale Darstellung von Sachverhalten an. Gerade im Fachgespräch hat man nur sehr wenig „Denkzeit", um eine Antwort auf die gestellte Frage zu formulieren. Machen Sie hierzu einfach einen kurzen Selbsttest und beantworten Sie jetzt kurz die nachfolgende Frage. Sprechen Sie dabei unbedingt in richtiger Lautstärke. Wenn möglich, zeichnen Sie Ihre Antwort mit der Webcam oder der Videofunktion Ihres Mobiltelefons auf.

Was ist der Unterschied zwischen dem GKV und dem UKV?

Zufrieden mit Ihrer Antwort? Konnten Sie aus dem Stegreif flüssig, ohne „Ähm's" und „Halt's" die wesentlichen Unterschiede vortragen? Welche Körperhaltung, Gestik und Mimik haben Ihre Ausführungen begleitet? Haben Sie schnell oder langsam gesprochen?

Die angesprochenen Punkte zeigen, dass im Prüfungsteil C neben dem reinen Fachwissen auch eine Reihe so genannter „Soft Skills" eine wichtige Rolle spielen. Noch deutlicher tritt dies im Bereich der Präsentation zutage. Es ist eine Sache, Bilanzkennzahlen, wie statischer und dynamischer Verschuldungsgrad, Eigenkapitalquote und –rendite etc. zu berechnen. Es ist aber eine völlig andere Sache, diese Ergebnisse vor fremden Menschen, die einem auch noch als Prüfer gegenübersitzen, zu präsentieren. Wie präsentiert man Kennzahlen? Reicht es, die Zahlen einfach auf eine Folie zu schreiben und per Overhead Projektor an die Wand zu werfen oder könnten eventuell einige einfache grafische Darstellungen die Präsentation unterstützen? Auch im Rahmen der Präsentation kommen wieder Fragen nach Einsatz von Gestik und Mimik, Stimme, etc.

Unter der Voraussetzung, dass das nötige Fachwissen bereits erworben (und behalten) wurde, sollte der Schwerpunkt der Prüfungsvorbereitung für den Prüfungsteil C somit auf der Erarbeitung dieser „Soft Skills" liegen. Das vorliegende Buch soll Sie dabei unterstützen.

1.2   Der Prüfungsablauf

Die bereits genannte „Verordnung über die Prüfung zum anerkannten Abschluss Geprüfter Bilanzbuchhalter/Geprüfte Bilanzbuchhalterin" regelt auch den groben Ablauf der Prüfung. So hat der Prüfungsteilnehmer bzw. die Prüfungsteilnehmerin gem. § 3 Abs. 5 BibuchhPrV 2007 aus zwei Aufgabenstellungen eine Aufgabe auszuwählen und die Ergebnisse im Rahmen der Präsentation vorzutragen. Für Auswahl, Lösung der Aufgabe und Erstellung der Präsentation stehen dem Prüfungsteilnehmer bzw. der Prüfungsteilnehmerin 30 Minuten zur Verfügung. Die Vorbereitung erfolgt i. d. R. unter Aufsicht in einem separaten Raum. Im Anschluss an die Vorbereitung erfolgt die Präsentation vor dem Prüfungsausschuss. Die Präsentation soll nicht länger als 15 Minuten dauern. Aufbauend auf der Präsentation erfolgt ein Fachgespräch von bis zu 30 Minuten Dauer. Alles in allem dauert die Prüfung für den Prüfungsteilnehmer bzw. die Prüfungsteilnehmerin somit maximal 75 Minuten. Soweit der grobe Prüfungsablauf. In den einzelnen Details zum Prüfungsablauf gibt es jedoch große Unterschiede zwischen den verschiedenen Industrie- und Handelskammern (IHK). So gewähren einige IHKs die 30-minütige Vorbereitungszeit, nachdem eine Aufgabenstellung ausgewählt wurde. Bei anderen schließt die 30-minütige Vorbereitungszeit dagegen die Aufgabenauswahl mit ein. Auch bei der Aufteilung der Punktevergabe zwischen Präsentation und Fachgespräch gibt es Unterschiede. Je nach IHK werden für die Präsentation 30 – 50 % der Punkte vergeben. Die restlichen 50 – 70 % entfallen auf das Fachgespräch. Auch bezüglich der zugelassenen Hilfsmittel bestehen Unterschiede. So erlauben einige IHKs die Mitnahme von Gesetzestexten, andere dagegen nicht.[1] Auch wenn die Mitnahme von Gesetzestexten immer wieder ein Herzenswunsch vieler Prüfungsteilnehmer bzw. Prüfungsteilnehmerinnen ist, sollte man sich doch immer die knapp bemessene Zeit vor Augen halten. Bei lediglich 30 Minuten für die Lösung der Aufgabenstellung und Vorbereitung der Präsentation bleibt nicht viel Zeit zum Stöbern in Gesetzestexten. Außerdem wird sich im HGB (oder in den IFRS-Texten) nur wenig Interessantes zum Thema „Bilanzanalyse" finden, was ja Gegenstand von Aufgabestellung und Präsentation ist. Und im Fachgespräch ist man in einem **Gespräch**, da wirkt ein dauerndes Blättern im Gesetz zum einen wenig kompetent, zum anderen wird man auch hier nicht die Zeit haben, jede Frage des Prüfungsausschusses zu beantworten. Von daher sollte der Tatsache, ob die Gesetzestexte von der jeweiligen IHK als Hilfsmittel zugelassen sind, für die Teil C Prüfung keine allzu große Bedeutung beigemessen werden.

---

[1]   Vgl. hierzu: Nicolini, H. "Erste Erfahrungen mit der mündlichen Prüfung im Teil C", BBK Nr. 31, S. 1033ff

1.2.1   Die Aufgabenstellung

Wie bereits erwähnt, muss sich die Aufgabenstellung im Prüfungsteil C auf den Bereich „Berichterstattung; Auswerten und Interpretieren des Zahlenwerkes für Planungs- und Kontrollentscheidungen" beziehen. Im Rahmen dieses Bereiches können vier Qualifikationsinhalte geprüft werden (vgl. § 4 Abs. 6 Nr. 1-4 BibuchhPrV 2007):

■ Analyse des Jahresabschlusses mit Hilfe von Kennzahlen erstellen und diese interpretieren,

■ Jahresabschlüsse vergleichend analysieren,

■ Inhalte und Ziele der aktuellen Eigenkapitalrichtlinien für Banken kennen und deren Auswirkungen bezüglich des Ratings für Unternehmen auswerten und darstellen,

■ im Rahmen betriebs- und volkswirtschaftlicher Zusammenhänge handeln und sich der Wirkungen bewusst sein.

Die Aufgabenstellungen für den Teil C werden nicht zentral erstellt. Jede IHK ist selbst für die Erstellung von Aufgaben verantwortlich. Somit kommt es auch bezüglich der Aufgabenstellungen zu großen Unterschieden. So stammen einige Aufgaben aus dem schriftlichen Prüfungsteil. Für die Teil C Prüfung wurden sie dann etwas gekürzt und angepasst. Der Schwerpunkt dieser Aufgaben liegt immer auf der Berechnung von Kennzahlen, teilweise nach vorheriger Erstellung einer Strukturbilanz. Dabei ist genau vorgegeben, welche Kennzahlen zu berechnen sind. Ein Großteil der Vorbereitungszeit muss bei diesem Aufgabentypus für die Analyse des Zahlenwerkes und die Berechnung der Kennzahlen verwendet werden. Entsprechend steht weniger Zeit für die Erarbeitung einer Präsentation zur Verfügung. Andere Aufgaben, die speziell für die Teil C Prüfung entwickelt wurden, zeichnen sich teilweise durch eine sehr offene Fragestellung ab. Beispiele hierfür sind:

■ Präsentieren Sie (bilanzpolitische) Gestaltungsspielräume zur Erhöhung von Jahresüberschuss und Cashflow.

■ Analysieren Sie mithilfe der beigefügten Bilanz und GuV die Liquiditäts- und Ertragslage der A-GmbH (keine weiteren Vorgaben bzgl. spezieller Kennzahlen etc.).

Diese offenen Aufgabenstellungen bieten dem Prüfungsteilnehmer bzw. der Prüfungsteilnehmerin mehr Möglichkeiten zur Entwicklung einer Präsentation. Sie erfordert aber auch einen anderen Lösungsansatz. Während bei der klassischen Aufgabenstellung genau vorgeschrieben ist, was berechnet werden soll, obliegt die Auswahl bei der offenen Aufgabenstellung zum Großteil dem Prüfungsteilnehmer bzw. der Prüfungsteilnehmerin. Der Prüfungsteilnehmer bzw. die Prüfungsteilnehmerin muss sich hier also überlegen, welche Kennzahlen beispielsweise für eine Analyse der Liquiditäts- und Ertragslage sinnvoll sind. Für die Liquiditätslage fallen einem in der Regel sofort die Liquiditätsgrade I-III und der Cashflow ein. Unter Umständen ist hier aber z. B. auch eine Darstellung der durchschnittlichen Dauer der Forderungen aus Lieferungen und Leistungen sinnvoll. Für die Ertragslage könnten verschiedene Rentabilitätsberechnungen (Eigenkapital-, Gesamtkapital- und Umsatzrentabilität) zugrunde gelegt werden. Es könnte aber auch eine Erfolgsspaltung der

GuV (in ordentliches Betriebsergebnis, Finanzergebnis und a. o. Ergebnis) vorgenommen werden. Die Auswahl der Kennzahlen sollte begründet werden (können). Auch sollte darauf geachtet werden, ob irgendwelche besonderen Beziehungen zwischen den einzelnen Aspekten der Aufgabenstellung bestehen. So könnte z. B. die gute Liquiditätslage durch die Erträge aus dem Verkauf einer nicht betriebsnotwendigen Immobilie begründet sein. Insofern wäre die gute Liquiditätslage einem a. o. Ereignis geschuldet, was die Aussagekraft von Kennzahlen wie dem Liquiditätsgrad einschränkt.

Wenn die 30-minütige Vorbereitungszeit die Auswahl der Aufgabestellung mit einschließt, sollten beide Aufgabenstellungen kurz quer gelesen werden. Die dabei gewonnenen Informationen reichen in der Regel aus, um eine Entscheidung für eine der beiden Aufgaben treffen zu können. Es ist wichtig, nicht zu viel Zeit bei der Auswahl der Aufgabe zu verlieren. Im Anschluss an die Auswahl sollte die gewählte Aufgabenstellung nochmals im Detail durchgelesen werden.

Fällt die Auswahl der Aufgabenstellung nicht in die 30-minütige Vorbereitungszeit, können beide Aufgabenstellungen im Detail gelesen werden, bevor eine Entscheidung getroffen wird.

1.2.2   Die Vorbereitungszeit

Am Ende der Vorbereitungszeit muss die fertige Präsentation „stehen". Es kommt eben beim Teil C nicht nur auf die richtige Lösung, sondern auch auf die **Präsentation** derselbigen an. Immer wieder erlebt man Prüfungsteilnehmer bzw. Prüfungsteilnehmerinnen, die zwar die Lösung sauber auf Papier gebracht haben, aber leider mit der Erstellung der Präsentation nicht fertig geworden sind. Andere Prüflinge haben zwar Teile der Aufgabenstellung richtig gelöst und auch eine Präsentation hierfür erstellt, dafür aber andere Teile der Aufgabenstellung unbeantwortet gelassen. Ein gutes Zeitmanagement während der Vorbereitungszeit ist somit unerlässlich. Nochmals:

> Entscheidend ist nicht die Lösung der Aufgabenstellung, sondern die Präsentation der Lösung!

Man sollte sich im Vorfeld bei der zuständigen IHK informieren, welche Präsentationsmedien zur Verfügung stehen. In der Regel sind dies Overhead Projektor, Flipchart, farbige Karten, Pinnwand und Tafel (bzw. Whiteboard). Als Faustregel gilt, dass mindestens zwei dieser Medien in der Präsentation verwendet werden sollten.

1.2.3   Die Prüfung

Nach Beendigung der Vorbereitungszeit wird der Prüfungsteilnehmer bzw. die Prüfungsteilnehmerin in der Regel vom Vorbereitungsraum zum Prüfungsraum geführt. Hier kann sich der Prüfungsteilnehmer bzw. die Prüfungsteilnehmerin kurz einrichten, also z. B. vorbereitete Flipchart-Darstellungen aufhängen, Overhead Projektor einschalten etc.

Anschließend gehören die nächsten rund 15 Minuten dem Prüfungsteilnehmer bzw. der Prüfungsteilnehmerin für die Präsentation. Es ist wichtig, ein Gespür für die Dauer einer eigenen Präsentation zu entwickeln. Man sollte vermeiden, „zu früh" fertig zu werden. Zwar heißt es in der entsprechenden Verordnung lediglich „... nicht länger als 15 Minuten", doch sollten die 15 Minuten die Zielmarke sein. Bei einer zu kurzen Präsentation drohen Punktabzüge, bei einer zu langen Präsentation besteht die Gefahr, dass der Prüfungsausschuss die Präsentation abbricht. Direkt im Anschluss wird der Prüfungsausschuss in der Regel zunächst Fragen mit direktem Bezug zur Präsentation stellen. So könnten beispielsweise bestimmte Aussagen oder Ergebnisse kritisch hinterfragt werden. Im Fortgang des Fachgesprächs entfernt sich der Gesprächsverlauf dann zunehmend von der Aufgabenstellung. Die Themenauswahl obliegt ausschließlich dem Prüfungsausschuss mit der Einschränkung, dass die Themen den Bereichen Bilanzanalyse sowie Erstellen von Abschlüssen nach nationalem Recht und internationalen Standards zuordenbar sein müssen. Dabei kommt es auf die Fragestellung an, kein Thema ist per se ausgeschlossen. So fällt z. B. eine Frage zur Umsatzsteuer, etwa nach dem Unterschied von Lieferung und sonstiger Leistung, nicht in die prüfbaren Handlungsbereiche. Die Frage, welche Auswirkung eine Änderung des Umsatzsteuersatzes auf verschiedene Bilanzkennzahlen hat, ist dagegen dem Handlungsbereich „Auswerten und Interpretieren des Zahlenwerks" zuzuordnen und somit zulässig. Pauschale Aussagen wie „Umsatzsteuer ist nicht prüfungsrelevant" sind daher falsch bzw. zu verallgemeinernd. Viele Prüfungsteilnehmer bzw. Prüfungsteilnehmerinnen sind immer wieder überrascht, welche Vielzahl von verschiedenen Themenbereichen einen Bezug zur Bilanzanalyse aufweisen.

Im Anschluss an das Fachgespräch wird der Prüfungsteilnehmer bzw. die Prüfungsteilnehmerin gebeten, kurz den Raum zu verlassen. Der Prüfungsausschuss berät anschließend im Geheimen über die Note und gibt diese im Anschluss an die Beratung dem Prüfungsteilnehmer bzw. der Prüfungsteilnehmerin bekannt. Der Notenbekanntgabe sollte sich noch ein kurzes konstruktives Feedback zu Präsentation und Fachgespräch anschließen.

1.2.4 Anforderungen an den Prüfungsteilnehmer bzw. die Prüfungsteilnehmerin

„Verstehen statt auswendig lernen" – dieser Satz ist zentral für die Bilanzbuchhalterprüfung Teil C. Immer wieder lässt sich beobachten, dass Prüfungsteilnehmer bzw. Prüfungsteilnehmerinnen zwar das Handwerkszeug der Bilanzanalyse – die bilanzanalytischen Kennzahlen – mühelos berechnen können, über Nutzen, Sinn und Zusammenhänge der Kennzahlen aber nur sehr vage Vorstellungen haben.

1.2.5 Exkurs

Beantworten Sie für sich selbst die folgenden Fragen:

- In welchem Verhältnis stehen Anlagenintensität und Eigenkapitalquote, wenn die goldene Bilanzregel erfüllt ist?

- Der statische Verschuldungsgrad beträgt 400 %. Wie hoch ist die Eigenkapitalquote?

- Wie realistisch sind die Grundannahmen bei der Liquidität III. Grades?

Die goldene Bilanzregel besagt, dass das Anlagevermögen vollständig mit Eigenkapital finanziert wird. D. h., das Eigenkapital muss mindestens denselben Anteil an der Bilanzsumme haben wie das Anlagevermögen. Die Eigenkapitalquote ist also größer als oder gleich der Anlagenintensität, wenn die goldene Bilanzregel erfüllt ist.

Der statische Verschuldungsgrad wird wie folgt berechnet: $\frac{\text{Fremdkapital}}{\text{Eigenkapital}}$ x 100. Fremdkapital und Eigenkapital ergeben als Summe das Gesamtkapital. Somit stehen alle für die Berechnung der Eigenkapitalquote benötigten Informationen zur Verfügung. Bei einem statischen Verschuldungsgrad von 400 % liegt ein Verhältnis von Fremd- zu Eigenkapital von $\frac{4}{1}$ vor, das Gesamtkapital beträgt in diesem Fall 5. Die Eigenkapitalquote errechnet sich dann als $\frac{\text{Eigenkapital}}{\text{Gesamtkapital}}$ x 100, also $\frac{1}{5}$ x 100 = 20 %.

Bei der Liquidität III. Grades werden auch die Vorräte zur Deckung der kurzfristigen Verbindlichkeiten herangezogen. Würden aber tatsächlich sämtliche Vorräte, insbesondere die Roh-, Hilfs- und Betriebsstoffe verkauft und zur Schuldentilgung verwendet werden, würde es zu einem Produktionsstopp kommen. Insofern dürften die für die Produktion benötigten Vorräte eigentlich nicht zur kurzfristigen Schuldentilgung zur Verfügung stehen.

Der kurze Exkurs hat gezeigt, dass das bloße Berechnen der Kennzahl nicht ausreichend ist. Prüfungsteilnehmer bzw. Prüfungsteilnehmerinnen sollten daher bei der Vorbereitung auf die Teil C Prüfung nicht nur stur auswendig lernen, sondern zu jeder Kennzahl die folgenden Überlegungen anstellen:

- Wofür wird die Kennzahl berechnet (Was ist der Sinn und Nutzen der Kennzahl?)?

- Warum berechnet man die Kennzahl auf diese Weise (z. B. warum die Berechnung der Eigenkapitalrentabilität auf Basis des Jahresüberschusses vor Steuern vom Einkommen und Ertrag erfolgt)?

- Ist die Kennzahl von ihren Grundannahmen und Aussagen her realistisch?

- Wie hängt die Kennzahl mit anderen Kennzahlen zusammen? Bestehen Wechselwirkungen (z. B. gilt, dass je höher die Eigenkapitalquote ist, desto niedriger ist die Eigenkapitalrentabilität)?

Aus diesen Fragen lässt sich eine gute Übung für die Teil C Prüfung ableiten. Nehmen Sie dazu Stift und Zettel zur Hand und beantworten Sie in 5 bis 10 Minuten stichpunktartig die eben genannten vier Punkte für die folgenden Kennzahlen:

- Arbeitsintensität

- Anlagendeckungsgrad I

- Umschlagshäufigkeit der Forderungen

- Dynamischer Verschuldungsgrad
- EBIT

Versuchen Sie anschließend, anhand Ihrer Stichworte einen kurzen Vortrag zu der Thematik zu halten. Wenn möglich, sollten Sie Ihren Vortrag wiederum mit Hilfe einer Webcam, eines Mobiltelefons o. ä. aufzeichnen. So können Sie im Anschluss Ihre verbale und nonverbale Kommunikation überprüfen. Achten Sie dabei vor allem auf folgende Punkte:

- Verwenden Sie flüssige Sätze ohne viel „Ähm" und „Halt"?
- Sprechen Sie immer in vollständigen Sätzen oder verschlucken Sie Wörter?
- Wie ist Ihre Körperhaltung, was machen die Hände?
- Wie ist Ihre Stimme (Lautstärke + Stimmlage)?
- Wie ist Ihr Sprechtempo?

1.2.6 Der Rechtsstand

Weiterhin ist es für die Teil C Prüfung wichtig zu beachten, auf welchem Rechtsstand die Prüfung beruht. Viele ältere Literatur sowie viele Informationen im Internet zum Thema Bilanzanalyse beziehen sich auf den Rechtsstand vor in Kraft treten des Bilanzrechtsmodernisierungsgesetzes (BilMoG). Das BilMoG hat jedoch zu tief greifenden Veränderungen in der HGB-Rechnungslegung geführt, die auch Auswirkungen auf die Bilanzanalyse haben. Beispiele für durch das BilMoG verursachte Änderungen sind:

- Es besteht ein Aktivierungswahlrecht für bestimmte selbst erstellte immaterielle Vermögensgegenstände des Anlagevermögens (vorher bestand ein Aktivierungsverbot).

- Der Geschäfts- oder Firmenwert wurde als zeitlich begrenzt nutzbarer Vermögensgegenstand (vgl. § 246 Abs. 1 HGB) aufgewertet. Vor BilMoG galt der Geschäfts- oder Firmenwert als Bilanzierungshilfe und wurde daher im Rahmen der Bilanzanalyse mit dem Eigenkapital saldiert. Diese Saldierung ist nun, aufgrund des neuen Status als Vermögensgegenstand, nicht mehr ohne Weiteres gerechtfertigt.

- Die Untergrenze der Herstellungskosten wurde angehoben. So müssen nun auch angemessene Teile der Material- und Fertigungsgemeinkosten und des durch die Fertigung verursachten Werteverzehrs des Anlagevermögens bei der Ermittlung der Herstellungskosten berücksichtigt werden. Vor BilMoG bestand eine Ansatzpflicht nur für die Material- und Fertigungseinzelkosten sowie für die Sondereinzelkosten der Fertigung.

- Neue Bilanzpositionen sind hinzugekommen (aktivierter Unterschiedsbetrag aus der Vermögensverrechnung), andere Bilanzpositionen sind entfallen (aktivierte Aufwendungen für die Ingangsetzung des Geschäftsbetriebs, diverse Aufwandsrückstellungen, Sonderposten mit Rücklageanteil).

Ein Knackpunkt bei der Festlegung des Rechtsstands sind die diversen <u>Übergangsvor-</u>
<u>schriften</u>, die bezüglich der Einführung der BilMoG-Regelungen bestehen. So darf z. B. ein
Sonderposten mit Rücklageanteil nicht mehr gebildet werden. Die entsprechenden
Regelungen sind aus dem HGB-Gesetzestext entfernt worden. Art. 67 Abs. 3 EGHGB bestimmt aber, dass Sonderposten mit Rücklageanteil, die im Jahresabschluss für das letzte
vor dem 1. 1. 2010 beginnende Geschäftsjahr enthalten waren, nach alten Regelungen fort-
geführt werden dürfen. Ähnliche Fortführungswahlrechte gibt es u. a. auch für Aufwandsrückstellungen (Art. 67 Abs. 3 EGHGB) und die Bilanzierungshilfe für Aufwendungen für
die Ingangsetzung des Geschäftsbetriebs (Art. 67 Abs. 5 EGHGB). Obwohl nicht mehr im
aktuellen HGB-Gesetzestext enthalten, stellen diese Altpositionen durch die Fortführungswahlrechte des EGHGB dennoch „geltendes Recht" dar und können daher geprüft werden.
Somit kann es vorkommen, dass IHKs weiterhin alte Prüfungsaufgaben aus der Zeit vor
BilMoG verwenden. Bis zum Jahr 2015 sollten Prüfungsteilnehmer bzw. Prüfungsteilnehmerinnen daher zumindest noch einen Überblick über diese weggefallenen Bilanzpositionen und ihre bilanzanalytische Behandlung haben. Insbesondere der Sonderposten
mit Rücklageanteil und seine bilanzanalytische Aufteilung in Eigen- und Fremdkapital
stellte früher ein beliebtes Prüfungsthema dar und sollte auch heute noch beherrscht
werden.

2 Grundlagen einer wirkungsvollen Präsentation

2.1 Einleitung

Wie bereits erwähnt, beginnt die eigentliche Teil C Prüfung mit einer 15-minütigen Präsentation. Neben rechnerischer Richtigkeit der während der Vorbereitungszeit erarbeiteten Lösung spielen bei der Bewertung der Präsentation weitere Aspekte wie Rhetorik, Körpersprache, Visualisierung und Argumentationsführung eine wichtige Rolle. Von daher sollten sich Prüfungskandidaten bereits im Vorfeld mit den Grundlagen einer wirkungsvollen Präsentation vertraut machen.

Ziel einer jeden Präsentation ist es, den Zuhörern etwas zu vermitteln, ihnen also eine Botschaft mitzuteilen. Auch wenn dies zunächst etwas banal klingt, wird dieser Aspekt häufig übersehen bzw. aus den Augen verloren. Eine Präsentation ist kein Selbstzweck. Die Qualität einer Präsentation hängt wesentlich davon ab, ob die zu vermittelnde Botschaft „rüber gekommen" ist.

Beispiel:

In einer Teil C Aufgabe sind verschiedene bilanzanalytische Kennzahlen zu berechnen und zu kommentieren. Hier stellt sich nach erfolgter Berechnung der Kennzahlen die Frage, welche Botschaft der Prüfungsteilnehmer bzw. die Prüfungsteilnehmerin dem Prüfungsausschuss vermitteln möchte. Im Verlauf des Buches werden hierzu eine Reihe von Beispielen aufgezeigt.

Rhetorik, Körpersprache – also vor allem der Einsatz von Gestik und Mimik – sowie die Verwendung medialer Hilfsmittel wie Flipchart und Overhead Projektor dienen dazu, den Transfer der Botschaft zu vereinfachen.

Man kennt dies aus der TV- und Radio-Werbung: Einige Werbespots findet man nervig und teilweise einfach nur dumm, kann sich aber nach Jahren noch an sie und das beworbene Produkt erinnern. Andere Werbespots sind super komisch und man erzählt sie gerne weiter. Auf die Frage, welches Produkt diese lustigen Werbespots beworben haben, kann man allerdings nur ahnungslos den Kopf schütteln. Die „richtige" Botschaft wurde hier nicht erfolgreich vermittelt.

Aus der Prämisse, den Zuhörern bzw. dem Prüfungsausschuss etwas mitteilen zu wollen, ergeben sich schon einmal einige erste Grundregeln für Präsentierende:

- **Klare, deutliche Sprache in angemessener Lautstärke**
  Wenn man etwas vermitteln möchte, muss man verstanden werden. Leises und undeutliches Genuschel hilft hier nicht weiter. Auch neigen manche Prüfungsteilnehmer bzw. Prüfungsteilnehmerinnen dazu, vor lauter Aufregung sehr schnell zu sprechen. Dies macht es zum einen schwierig, ihren Ausführungen zu folgen. Zum anderen wird die Präsentation dann häufig in weniger als 10 Minuten „runtergerasselt", was in der Regel auch keinen guten Eindruck hinterlässt und teilweise sogar mit Punktabzügen bedacht wird.

- **Zum Publikum (Prüfungsausschuss) hin sprechen**
  Gerade, wenn man mit Overhead-Folien oder Flipchart-Zeichnungen arbeitet, muss darauf geachtet werden, dass die Präsentation dennoch zum Publikum hin gewendet erfolgt. Dies ist etwas gewöhnungsbedürftig, da die Folien und Zeichnung sich ja hinter dem eigenen Rücken an der Wand befinden. Auf keinen Fall sollte man sich mit dem Rücken zum Publikum (Prüfungsausschuss) stellen und dann 15 Minuten lang zur Wand hin sprechen.

- **Klare, leserliche Schrift**
  Auch hier gilt wiederum, dass man verstanden werden muss, um etwas vermitteln zu können. Für die Vorbereitung der Folien und anderer eingesetzter Präsentationsmittel steht kein Computer bereit. Alles muss per Hand geschrieben und gezeichnet werden. Eine leserliche Schrift ist hier von Nöten, damit der Prüfungsausschuss den Ausführungen folgen kann. Neben der Leserlichkeit sollte auch auf die richtige Schriftgröße geachtet werden. Ein mit Kugelschreiber in normaler Schreibschriftgröße auf ein Flipchart geschriebener Text, lässt sich aus drei oder vier Metern Entfernung nicht mehr lesen.

- **Wichtige Ergebnisse und Erkenntnisse sind hervorzuheben**
  Ergebnisse aus der Berechnung von Kennzahlen und zentrale Kernaussagen der Präsentation sollten entsprechend hervorgehoben werden. Dies kann z. B. durch den Einsatz unterschiedlicher Farben geschehen. Ergebnisse können auch durch Unterstreichung (mit Lineal!) hervorgehoben werden.

Neben diesen einfachen Grundregeln soll an dieser Stelle noch einmal darauf hingewiesen werden, dass die Teil C Prüfung den Abschluss der Bilanzbuchhalterausbildung markiert. Es handelt sich hierbei um eine professionelle Ausbildung, entsprechend professionell sollte auch das Auftreten sein. Und das professionelle Auftreten von Rechnungswesenspezialisten unterscheidet sich durchaus von dem professionellen Auftreten von beispielsweise Informatikern. Von daher noch einige kurze Hinweise, die eigentlich eine Selbstverständlichkeit sein sollten – aber eben nur „eigentlich"

- Professionelle, saubere Kleidung: Es muss nicht gleich ein dreiteiliger Anzug sein – Tuchhose und Hemd sind auch akzeptabel. Einen Bogen sollte man um T-Shirts, Jeans, Turnschuhe und Sandalen machen. Prüfungsteilnehmerinnen sollten (zu) knappe, bzw. kurze Kleidung meiden.

- Gerüche: Vielfach lässt sich in Prüfungsräumen kein Fenster öffnen. Starker Schweißgeruch oder übertrieben aufgetragenes Parfum bleiben dem Prüfungsausschuss daher oft lange erhalten. Auf entsprechende Körperhygiene sollte geachtet werden.

■ Kein Kaugummi während der Prüfung!

■ Bleiben Sie höflich und vermeiden Sie Kraftausdrücke! Prüfungen verursachen Stress und Stress bewirkt bei einem Menschen zwei Impulse – Flucht oder Kampf. Hier kann man manchmal eine übertriebene Aggressivität bei Prüfungsteilnehmer(inne)n beobachten. So fragen z. B. manche Prüfungsausschussmitglieder zu Beginn des Fachgesprächs nach dem beruflichen Hintergrund des Prüfungsteilnehmers bzw. der Prüfungsteilnehmerin. Dies geschieht mit der Absicht, in der Prüfung berufsrelevante Fragen zu stellen und die Atmospähre zu entspannen. Es ist aber schon vorgekommen, dass auf die Frage nur ein grobes „Das geht Sie gar nichts an!" zur Antwort kam. Kein guter Einstieg ins Prüfungsgespräch. Ein Unternehmen mit einer Liquidität I. Grades von 0,5 % hat auch nicht „echt geloosed" sondern ein Liquiditätsproblem. Zu den höflichen Umgangsformen gehört auch, dass der Prüfungsausschuss gesiezt und nicht geduzt wird.

Eine gute Übersicht über die an die Präsentation gestellten Anforderungen gibt das folgende Bewertungstableau der IHK Nürnberg.

Tabelle 2.1   Bewertungstableau für die mündliche Prüfung[2]

Persönlichkeit	Auftreten	■ unsicher ■ ungeschickt ■ angenehm ■ selbstbewusst ■ überzeugend
	Erscheinungsbild	■ wenig gepflegt ■ ordentlich ■ angemessen
	Echtheit	■ wenig glaubwürdig ■ angemessen ■ hohe Identifikation
Kommunikation	Sprache, Sprachliche Gestaltung	■ undeutlich ■ monoton, angemessen ■ gut verständlich ■ lebendig

---

2   Nicolini, H.; Schwiete, H. „Bilanzbuchhalter-Prüfung Ein Leitfaden für die Organisation des Prüfungsteils C" BBK Sonderausgabe zitiert nach IHK Nürnberg für Mittelfranken, in: Schmidt, Prüfungsmethoden in der beruflichen Aus- und Weiterbildung, herausgegeben von der DIHK-Gesellschaft für berufliche Bildung, Bonn 2011, S. 93

	Körpersprache	■ unsicher ■ angemessen ■ unterstützende Gestik und Mimik ■ souverän ■ ständiger Blickkontakt
	Überzeugungskraft	■ nicht überzeugend ■ ansprechend ■ überzeugend ■ mitreißend
Medieneinsatz	Zielgruppengerechte Darstellung	■ kein Medium ■ angemessen ■ unterstreicht die Präsentation ■ vollständig
Aufbau und Inhalt	Erfassung des Themas	■ nicht erfasst ■ oberflächlich ■ angemessen ■ vollständig
	Aufbau und Struktur	■ unsystematisch ■ erkennbar ■ sinnvoll ■ tragfähig ■ ausgefeilt

2.2 Die verbale Kommunikation

Ein Großteil der Teil C Prüfung besteht aus verbaler Kommunikation. Entsprechend sollte hierauf ein Hauptaugenmerk während der Prüfungsvorbereitung gelegt werden. In Zeiten von SMS, Twitter & Co. sind immer mehr junge Menschen nicht mehr in der Lage, eine fachlich-qualifizierte Konversation zu betreiben. Gerade in der Teil C Prüfung kommt es auf eine klare und vor allem sachlich richtige Wortwahl an. Es besteht ein großer Unterschied in der Aussage, ob z. B. ein selbst erstellter immaterieller Vermögensgegenstand des Anlagevermögens aktiviert werden „darf", „kann", „muss" oder „sollte". Unklare Formulierungen solcher Art ziehen häufig ein gezieltes Nachfragen des Prüfungsausschusses nach sich. Gleichzeitig vermitteln sie den Eindruck, dass der Prüfungsteilnehmer bzw. die Prüfungsteilnehmerin unsicher ist, und daher falsche oder schwammige Formulierungen verwendet.

Auf die Frage des Prüfungsausschusses, was denn unter dem Imparitätsprinzip zu verstehen sei, antwortet der Prüfungsteilnehmer: „Imparitätsprinzip bedeutet, dass Aktiva einen Ticken höher und Passiva einen Ticken niedriger bewertet werden." Verständlicherweise wird der Prüfungsausschuss nun nachfragen, was denn mit „ein Ticken" gemeint ist und so das Thema mehr vertiefen, als eventuell ursprünglich geplant war.

Des Weiteren sollte man in seiner Begriffswahl klar zwischen Bilanzierung und Kosten- und Leistungsrechnung unterscheiden. So hat beispielsweise der Begriff „Herstellkosten" in der Teil C Prüfung nichts verloren. Der richtige bilanzielle Begriff hierfür ist „Herstellungskosten".

Auch sollte man sich vor verallgemeinernden, undifferenzierten Aussagen hüten. Immer wieder sagen Prüfungsteilnehmer bzw. Prüfungsteilnehmerinnen, der Wert einer bestimmten Kennzahl (z. B. Eigenkapitalquote oder Liquiditätsgrad I) sei „sehr gut", „gut", „schlecht" oder „sehr schlecht".

Aussage Prüfungsteilnehmerin: „Die Liquidität I. Grades ist mit 55 % als sehr gut anzusehen." Hier stellt sich zunächst die Frage, welche Kriterien der Aussage zugrunde liegen. Worauf bezieht sich dieses „sehr gut"? Eine hohe Liquidität I. Grades bietet zwar eine gewisse finanzielle Sicherheit, auf der anderen Seite ist die Liquidität aber weitestgehend unproduktiv.

Aussage Prüfungsteilnehmer: „Die Eigenkapitalquote ist mit 47% überdurchschnittlich gut." Auch hier stellt sich wieder die Frage, worauf sich das „überdurchschnittlich gut" bezieht. Wenn eine hohe Eigenkapitalquote immer so positiv ist, warum versuchen dann Banken und Hedge Fonds häufig, möglichst viel Fremdkapital aufzunehmen? Ein hohes Eigenkapital bietet wiederum eine gewisse Sicherheit, geht aber zu Lasten der Eigenkapitalrendite.

Das Ausmerzen dieser sprachlichen Ungenauigkeiten ist für die mündliche Prüfung viel wichtiger, als das Erlernen bestimmter rhetorischer Stilmittel.

Neben den fachlich-inhaltlichen Ungenauigkeiten sollten auch sprachliche Ungenauigkeiten vermieden werden. Ein zu leises Sprechen, Nuscheln oder Wörter verschlucken machen es dem Prüfungsausschuss schwer, den Ausführungen des Prüfungsteilnehmers bzw. der Prüfungsteilnehmerin zu folgen. Abkürzungen und Fremdwörter sollten nur verwendet werden, wenn man sich über Aussprache und Bedeutung im Klaren ist und man der Meinung ist, dass der Prüfungsausschuss die Bedeutung kennt.

- Abkürzungen wie HGB, GuV, GKV, UKV, IFRS, EBIT dürfen als allgemein bekannt vorausgesetzt werden. Andere Abkürzungen wie CFBIT (Cash Flow Before Interest and Taxes) oder NOPLAT (Net Operating Profit Less Adjusted Taxes) sollten dagegen nicht ohne nähere Erläuterungen verwendet werden.

- Einige englische IFRS-Begriffe wie „Fair Value" oder „Impairment" sind mittlerweile auch im Deutschen gebräuchlich. Auf Nachfragen sollte man aber den deutschen Fachausdruck („beizulegender Zeitwert" und „Wertminderung") kennen. Bei anderen Ausdrücken wie z. B. „Contingent Liabilities" sollte direkt der deutsche Fachbegriff („Eventualverbindlichkeiten") verwendet werden.

- Wenn Sie z. B. im Zusammenhang mit der Ansatzpflicht von Rückstellungen im IFRS-Abschluss von „Anzehrtaindie" sprechen und dafür nur Stirnrunzeln ernten, sollten Sie entweder Ihre Aussprache des Begriffes „uncertainty" überdenken oder gleich das deutsche „Unsicherheit" verwenden.

Bei den Antworten auf gestellte Fragen sollte auf lange Bandwurmsätze verzichtet werden, da diese das Risiko bergen, sich zu verheddern. Die Antworten sollten aber auch nicht zu knapp ausfallen und begründet sein. Ein einfaches „Ja" oder „Nein" ist nicht ausreichend. Begründen Sie ihre Aussagen. Denken Sie immer daran, solange Sie reden, können Ihnen keine weiteren Fragen gestellt werden. Dies gilt aber nur, solange Sie auch etwas zu sagen haben. Bei zu langen Antworten besteht die Gefahr, den roten Faden in seiner Antwort zu verlieren. Außerdem erhöht sich bei langen Reden die Gefahr, fehlerhafte oder ungenaue Aussagen zu machen. Es gilt der alte Spruch – „Übung macht den Meister". Und hier liegt der Knackpunkt – bei einer mündlichen Prüfung muss man sich auf die verbale Darstellung konzentrieren. Viele Prüfungsteilnehmer oder Prüfungsteilnehmerinnen bereiten sich aber ausschließlich schriftlich auf die mündliche Prüfung vor. In der schriftlichen Darstellung hat man allerdings mehr Zeit zum Überlegen als in der mündlichen Prüfung. Gleichzeitig lassen sich viele Aufgaben mit Aufzählungen und Stichworten schriftlich lösen. Die mündliche Prüfung erfordert aber ausformulierte Sätze! Die schriftliche Beantwortung von Aufgaben wurde jahrelang in allen Schulfächern mehrmals pro Jahr „geübt" (in den Klassenarbeiten). Ein deutscher Abiturient schreibt in seiner Schullaufbahn über 100 Klassenarbeiten. Dem steht **eine** mündliche Prüfung im Abitur gegenüber. Unser Schul- und Ausbildungssystem bereitet nur sehr unzureichend auf mündliche Prüfungen vor. Diese Lücke müssen Sie nun selbst schließen.

Ein Teil Ihrer Prüfungsvorbereitung auf die Teil C Prüfung sollte auf der verbalen Lösung von Fragen bestehen. Zeichnen Sie Ihre Antworten auf, z. B. mit Hilfe einer Webcam. Schauen Sie sich Ihre Antworten hinterher an. Sind die Antworten richtig? Wurden sie mit einer schlüssigen Argumentation vorgetragen? War die Sprache verständlich?

2.3   Die nonverbale Kommunikation

„Wohin nur mit den Händen"? Diese und ähnliche Fragestellungen schwirren ungeübten Rednern häufig durch den Kopf und erhöhen das ohnehin schon vorhandene Lampenfieber. Aber mit ein wenig Übung gibt sich die Unsicherheit. Nachfolgend einige Punkte, die bei der nonverbalen Kommunikation zu beachten sind:

- Sollte Ihnen ein Mitglied des Prüfungsausschusses zur Begrüßung die Hand geben, erwidern sie den Händedruck mit angemessener Kraft. Gerade die ältere Generation reagiert häufig irritiert auf ein laffes, kraftloses Hand geben.

- Ziehen Sie nicht die Schultern hoch oder den Kopf ein. Sie brauchen sich nicht zu verstecken oder kleiner zu machen.

- Denken Sie daran, wenn Sie während des Fachgespräches sitzen – Sie sind nicht im Wohnzimmersessel vor dem Fernseher! Sitzen Sie ruhig und aufrecht.

- Halten Sie Blickkontakt zum Prüfungsausschuss. Wenn Ihnen ein Mitglied des Prüfungsausschusses eine Frage stellt, schauen Sie es während der Frage an und beginnen Sie mit Ihrer Antwort zu dem Fragesteller hingewendet.

- Benutzen Sie Ihre Hände dazu, ihre Worte mit einfachen Gesten zu unterstreichen.

2.3.1   Exkurs

Körperhaltung und innerer Gemütszustand sind eng miteinander verbunden. Dies kommt auch in Redewendungen wie z. B. „sitzt da wie ein Häufchen Elend", „von Kummer gebeugt" etc. zum Ausdruck. Hierzu können Sie einen kurzen Selbsttest machen: Setzen Sie sich ganz zusammengesunken hin, Schultern hoch, Kopf eingezogen, Rücken leicht gebeugt. Sagen Sie jetzt mit voller Überzeugung Sätze wie „Ich bin super", „Mir geht es prima", „Ich kann alles schaffen" etc. Sie werden sofort merken, dass Körperhaltung und verbale Aussagen nicht zusammenpassen. Selbst bei bestem Willen schafft man es nicht, die Botschaft glaubwürdig zu vermitteln. Werfen Sie sich anschließend in „Heldenpose" – gerade stehend, Brust raus, Kinn leicht nach vorne, Energie und Zuversicht ausstrahlend und sagen Sie Sätze wie „Ich kann nix", „Ich schaffe es nicht", „Ich bin ein Verlierer" etc. Sie werden wieder merken, dass verbale und nonverbale Kommunikation nicht zu einander passen. Es fühlt sich nicht richtig an. Wenn wir Angst haben und verunsichert sind, verändern wir auch unsere Körperhaltung, so dass verbale und nonverbale Kommunikation zu einander passen. Dies geschieht häufig unbewusst. Achtet man nun bewusst auf seine Körperhaltung – Aufrecht, Blick nach vorne etc. – so wird hierdurch auch die innere Unsicherheit gedämpft. Über die Körperhaltung lässt sich so auch bis zu einem gewissen Grad hin der innere Gemütszustand steuern. Dies kann in der mündlichen Prüfung recht hilfreich sein.

2.4   Visualisieren

Bei einer guten Präsentation wird die Übermittlung der Botschaft durch den Einsatz diverser Hilfsmittel unterstützt. Eines dieser Hilfsmittel ist die Veranschaulichung der Aussage mittels Visualisierung. Während im modernen Berufsalltag hierzu in der Regel Beamer und PowerPoint-Präsentation verwendet werden, stehen in der Teil C Prüfung nur Overhead-Projektor, Flipchart und Tafel zur Verfügung. Der Einsatz der Tafel bietet sich in der Regel nicht an, da diese fest im Prüfungsraum installiert ist und somit nicht in der Vorbereitungszeit beschrieben werden kann. Einige Tipps für die Verwendung von Overhead-Projektor und Folien:

- Nummerieren Sie Ihre Folien. Dies hilft Ihnen, auch im Prüfungsstress die richtige Reihenfolge beizubehalten. Außerdem erleichtert die Nummerierung das Sortieren falls Ihnen die Folien runterfallen sollten.

- Verwenden Sie nur wasserfeste (permanent) Stifte. Es besteht sonst die Gefahr, dass Sie Ihre Schrift während der Präsentation verwischen (vor allem bei Linkshändern).

- Verwenden Sie für Ihre Ausführungen schwarze oder blaue Schriftfarbe und rote bzw. grüne Farbe für Hervorhebungen.

- Verwenden Sie bei der Erstellung Ihrer Folie liniertes (bzw. kariertes) Konzeptpapier als Unterlage. So können Sie sicherstellen, dass Ihre Schrift und Zeichnungen akkurat in Linie bleiben und nicht nach oben oder unten abweichen.

- Verwenden Sie Ihre Folien ausschließlich im Hochformat. Andernfalls besteht die Gefahr, dass die Seitenränder nicht sichtbar sind und Sie Ihre Folie immer wieder verrücken müssen.

- Überladen Sie Ihre Folie nicht mit Informationen; einige Stichpunkte bzw. die Berechnung einer Kennzahl sollten der Maßstab sein. Wenn möglich, geben Sie Ihren Folien Überschriften.

- Vergewissern Sie sich vor Beginn der Präsentation, dass der Overhead-Projektor richtig adjustiert (scharf gestellt) ist. Andernfalls werden Ihre Ausführungen nur verschwommen sichtbar sein.

Es stellt sich nun die Frage, wie sich bilanzanalytische Aussagen am besten visualisieren lassen. Der Phantasie und Kreativität sind hierbei, abgesehen vom 30-minütigen Zeitlimit, keine Grenzen gesetzt. Nachfolgend wird anhand einiger Beispiele aufgezeigt, wie sich auch ohne EDV-Unterstützung ganz brauchbare grafische Darstellungen erzeugen lassen. Grafische Darstellungen sind bisher eher die Ausnahme. Mit der einen oder anderen Grafik lassen sich daher wirkungsvolle Akzente setzen. Zusätzlich wird dem Prüfungsausschuss Gelegenheit gegeben, bei der Punktvergabe „in die Vollen" zu greifen.

2.4.1   Beispiel 1

Eine mögliche Aufgabenstellung könnte wie folgt aussehen:

„Stellen Sie die Entwicklung von Umsatz und Umsatzrendite in dem Zeitraum 20x0 bis 20x4 dar."

In TEUR	20x0	20x1	20x2	20x3	20x4
Umsatz	100.000	115.000	122.000	125.000	127.500
Jahresüberschuss	8.000	8.750	9.150	9.450	9.300

Vorgehen:
a. Zunächst ist der Aufgabentext genau zu lesen. Es soll die Entwicklung von Umsatz und **Umsatzrendite** dargestellt werden. Da die Umsatzrendite nicht vorgegeben ist, muss sie berechnet werden. Es bietet sich an, die Berechnung direkt auf einer Folie vorzunehmen. So hat man hinterher in jedem Fall etwas zum Präsentieren und läuft nicht in Gefahr, seine ausführlich zu Papier gebrachten Ausführungen aus Zeitmangel nicht mehr auf präsentationsfähige Medien übertragen zu können.

Beispiel für eine Folie:

Abbildung 2.1   Beispielfolie für die Darstellung der Berechnung der Umsatzrendite

<u>Berechnung der Umsatzrendite</u>
<u>für die Jahre 20x0 bis 20x4</u>

Def.: Umsatzrendite = (Jahresüberschuss / Umsatz) x 100

20x0: UR = (8.000/100.000) x 100 = 8,0%

20x1: UR = (8.750/115.000) x 100 = 7,6%

20x2: UR = (9.150/122.000) x 100 = 7,5%

20x3: UR = (9.350/125.000) x 100 = 7,5%

20x4: UR = (9.450/127.500) x 100 = 7,4%

b. Anschließend ist zu analysieren, wie sich Umsatz und Umsatzrendite entwickelt haben. Es ist sofort auffällig, dass der Umsatz kontinuierlich gestiegen ist, während die Umsatzrendite im Betrachtungszeitraum leicht gesunken ist. Da in der Aufgabenstellung eine Darstellung der Entwicklung von Umsatz und Umsatzrendite gefordert ist, sollten diese zunächst getrennt auf zwei verschiedenen Folien (oder Flipchart-Blättern) dargestellt werden. Zur Darstellung bieten sich drei verschiedene Möglichkeiten an: in absoluten Zahlen, in relativen Zahlen und grafisch.

1. Variante: In Zahlen / Absolut

Bei dieser Variante werden einfach die Zahlenreihen tabellarisch präsentiert:

Abbildung 2.2   Beispielfolien zur Darstellung von Umsatzentwicklung und Umsatz-
                      rendite

Umsatzentwicklung	Entwicklung der Umsatzrendite
20x0 = 100.000 TEUR	20x0 = 8,0%
20x1 = 115.000 TEUR	20x1 = 7,6%
20x2 = 122.000 TEUR	20x2 = 7,5%
20x3 = 125.000 TEUR	20x3 = 7,5%
20x4 = 127.500 TEUR	20x4 = 7,4%

Der **Vorteil** dieser Darstellungsvariante liegt darin, dass sie sehr schnell durchzuführen ist. Alle benötigten Informationen sind verfügbar und müssen nur sauber abgeschrieben werden. In der Präsentation erfolgt dann eine verbale Erläuterung der Entwicklung. Vor allem bei <u>Zeitnot</u> bietet sich diese Darstellungsform an. **Nachteilig** an dieser Darstellungsvariante ist aber auch eben diese Einfachheit. Es wird den Prüfern wenig Raum geboten, herausragende oder besondere Darstellungen positiv zu bewerten. Des Weiteren lassen sich anhand von reinen absoluten Zahlen nur wenige Aussagen treffen.

2. Variante: In Zahlen / Relativ

Bei dieser Darstellungsvariante werden die Umsatzzahlen nicht absolut sondern relativ zum ersten Jahr (20x0 = 100%) angegeben:

Abbildung 2.3   Beispielfolie zur Darstellung der Umsatzentwicklung in relativen Zahlen

<u>Umsatzentwicklung</u>
20x0 = 100%
20x1 = 115%
20x2 = 122%
20x3 = 125%
20x4 = 127,5%

Bei dieser Variante sind u. U. einige einfache Dreisatzrechnungen vorzunehmen. Da der im Aufgabenfall gegebene Umsatz im Jahr 20x0 100.000 EUR aber mit 100 % gleichgesetzt wird, lassen sich die Werte hier ohne Berechnungen direkt übertragen. Der Vorteil dieser Darstellung ist, dass man ein klareres Bild von den tatsächlichen Verhältnissen erhält. Gerade bei kleineren Zahlen führen absolute Vergleiche häufig im Eifer der Präsentation zu falschen Äußerungen.

Beispiel:

Die A-GmbH konnte ihren Umsatz von 20x1 auf 20x2 von 1 Mio. Euro auf 3 Mio. Euro steigern. Die B-GmbH steigerte ihren Umsatz im gleichen Zeitraum von 100 Mio. Euro auf 175 Mio. Euro.

Es ist häufig zu beobachten, dass bei einer solchen Ausgangslage vor allem die B-GmbH für ihr Wachstum gelobt wird, konnte sie doch ihren Umsatz um 75 Mio. Euro erhöhen. Dies entspricht aber nur einer Erhöhung von 75 %, während die A-GmbH ihren Umsatz um 300 % steigern konnte. Aufgrund des großen unterschiedlichen Ausgangsniveaus ist es hier sinnvoller, mit relativen, statt mit absoluten Zahlen im Vergleich zu arbeiten. So lassen sich Aussagen, wie „die B-GmbH konnte ihren Umsatz deutlich höher steigern als die A-GmbH" vermeiden.

Allerdings ist diese einfache relative Darstellung für die meisten in etwa auch direkt aus den absoluten Zahlen zu erkennen. Insofern liegt hier noch kein deutlicher Vorteil gegenüber der ersten Darstellungsvariante. Man vermeidet lediglich, den Aufgabentext stur abzuschreiben. Besser ist allerdings, die Umsatzveränderung **pro Jahr** darstellen:

Abbildung 2.4   Beispielfolie zur Darstellung der Umsatzentwicklung

Umsatzentwicklung

20x0 – 20x1 = + 15%

20x1 – 20x2 = + 6,09%

20x2 – 20x3 = + 2,46%

20x3 – 20x4 = + 2,00%

Auch hierzu ist wieder eine kurze Dreisatzrechnung erforderlich. Zum besseren Nachvollziehen die ausführliche Berechnung für den Zeitraum 20x3 – 20x4:

20x3: Umsatz 125.000 TEUR = 100%

20x4 Umsatz 127.500 TEUR = x

➔ 127.500 x 100 / 125.000 = 102% ➔ Veränderung + 2%

Diese Darstellung ermöglicht völlig neue Aussagen. So ist erkennbar, dass das Umsatzwachstum pro Jahr stark rückläufig ist. Dies kann beispielsweise auf einen gesättigten Markt oder stärkeren Konkurrenzkampf hindeuten. Idealerweise sollte man diese relative Darstellung mit der Darstellung der absoluten Zahlen kombinieren.

Abbildung 2.5   Beispielfolie zur Darstellung der Umsatzentwicklung

---

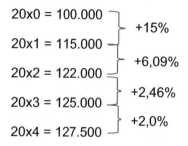

20x0 = 100.000
⎤
⎥ +15%
20x1 = 115.000 ⎤
⎥ +6,09%
20x2 = 122.000 ⎤
⎥ +2,46%
20x3 = 125.000 ⎤
⎥ +2,0%
20x4 = 127.500 ⎦

Mit Hilfe dieser Darstellung lassen sich jetzt zwei wesentliche Aussagen treffen:

- Der Umsatz konnte von Jahr zu Jahr gesteigert werden (positiv).

- Das Umsatzwachstum wird von Jahr zu Jahr geringer (kritisch zu beurteilen).

Zu beachten ist, dass die Umsatzrendite bereits eine relative Kennzahl darstellt. Diese sollten nicht weiter „relativiert" werden. Setzt man z. B. die Umsatzrendite im Jahr 20x0 mit 100 % gleich und berechnet hieraus die prozentualen Veränderungen in den Folgejahren, so stiftet man nur Verwirrung. Von daher genügt hier die einfache Darstellung der Umsatzrendite pro Jahr. Aus dieser ist ersichtlich, dass die Umsatzrendite kontinuierlich leicht rückläufig ist.

3. Variante : Grafisch / Absolut

Mit grafischen Darstellungen lassen sich mehrjährige Entwicklungen am eindrucksvollsten präsentieren. Durch die knapp bemessene Vorbereitungszeit und die wenigen zur Verfügung stehenden Mittel, sind die Möglichkeiten zur Entwicklung grafischer Darstellungen sehr begrenzt. Am besten lässt sich die Umsatzentwicklung mit Hilfe einer einfachen Funktion, einem Liniendiagramm darstellen.

Abbildung 2.6   Beispielfolie zur grafischen Darstellung der Umsatzentwicklung

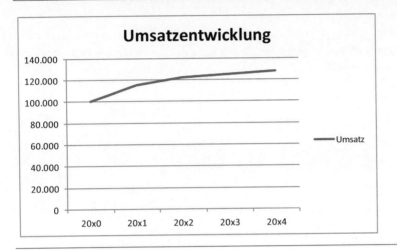

Auch anhand der grafischen Darstellung lassen sich die zwei oben getroffenen Kernaussagen – absoluter Umsatzanstieg jedes Jahr, abflachen des Umsatzwachstums – gut nachvollziehen. Die Darstellung ist relativ einfach auf Papier zu bringen. Ausgehend von den oben dargestellten relativen Werten – 20x0 = 100% - etc. lässt sich dies wie folgt zeichnerisch darstellen:

1. Schritt: Zeichnung x / y Diagramm

Beschriftung x-Achse Jahre 20x0 bis 20x4
Beschriftung y-Achse TEUR (1cm = 10 TEUR)

2. Schritt: Ermittlung der x/y Schnittpunkte pro Jahr (Höhe über der x-Achse)

20x0 = 100% = 10,0cm Höhe
20x1 = 115% = 11,5cm Höhe
20x2 = 122% = 12,2cm Höhe
20x3 = 125% = 12,5cm Höhe
20x4 = 127,5% = 12,8cm Höhe

3. Schritt: Verbindung der Punkte (von Punkt zu Punkt mit Lineal)

Mit etwas Übung lässt sich so in weniger als fünf Minuten eine grafische Darstellung der Umsatzentwicklung erreichen. Aus dieser Darstellung lassen sich dann sowohl absolute Werte in EUR ablesen, als auch die Veränderung des Umsatzwachstums (Veränderung des Steigungswinkels des Graphen). Da grafische Darstellungen in Teil C Prüfungen zurzeit noch eher selten zu sehen sind, erhält der Prüfungskandidat so die Möglichkeit, wertvolle Akzente zu setzen.

Hiermit wäre die geforderte Darstellung der Entwicklung von Umsatz und Umsatzrendite erfüllt. Was ist aber die Botschaft, die vermittelt werden soll? Zentral ist mit Sicherheit die

Tatsache, dass der kontinuierlichen Umsatzsteigerung ein Rückgang der Umsatzrendite gegenüber steht. Diese wichtige Botschaft sollte auf einer separaten Folie hervorgehoben werden.

Abbildung 2.7   Beispielfolie zur grafischen Darstellung der Entwicklung von Umsatz und Umsatzrendite

---

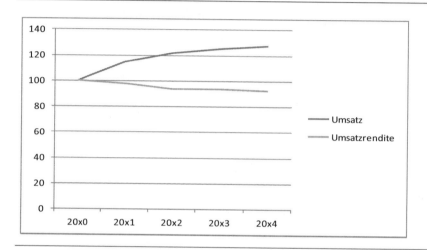

Um Umsatz und Umsatzrendite von der Skalierung her vergleichbar zu machen, wurden hier die Werte des Jahres 20x0 mit 100% gleichgesetzt. Die anderen Jahre wurden dann entsprechend zum Jahr 20x0 in Verhältnis gesetzt (siehe oben). Das Auseinanderfallen der beiden Kurven verdeutlicht, dass die Umsatzsteigerungen der Jahre 20x0 bis 20x4 nur zu Lasten der Umsatzrendite erreicht wurden. Es sollten auch kurz, am besten mit Hilfe einer weiteren Folie, mögliche Ursachen für diese Entwicklung aufgezeigt werden. Dies könnten z. B. sein:

■ Umsatzsteigerung durch Preiskampf: Es wird zwar mehr Menge abgesetzt, die Marge sinkt aber.

■ Der gesteigerte Umsatz führt zu einer höheren Produktion. Hierdurch fällt vermehrt Nacht- und Wochenendarbeit an. Über die tariflichen Zuschläge für Nacht- und Wochenendarbeit steigen die Lohnkosten somit überproportional an.

Auf der Folie selbst sollten nur Stichpunkte wie „Preiskampf" oder „überproportionale Kostensteigerungen" stehen. Diese Stichpunkte dienen dann als roter Faden für die verbale Präsentation.

2.4.2   Beispiel 2

Aufgabe: Berechnen Sie den dynamischen Verschuldungsgrad. Erläutern Sie die Kernaussage des dynamischen Verschuldungsgrades und nehmen Sie kritisch hierzu Stellung.

Fremdkapital: 8.000 TEUR
Cashflow: 1.000 TEUR

Die Aufgabe besteht aus drei Bereichen. Zunächst ist der dynamische Verschuldungsgrad zu berechnen. Hierzu bietet sich wiederum eine Folie an:

Abbildung 2.8   Beispielfolie zur Darstellung der Berechnung des dynamischen Verschuldungsgrads

Berechnung des dynamischen Verschuldungsgrades

Def.: dynamischer Verschuldungsgrad= Fremdkapital / Cash Flow

Dynamischer VG   = 8.000 TEUR / 1.000 TEUR

                   = 8

Der zweite Teil der Aufgabenstellung fordert eine Erläuterung der Kernaussage der Kennzahl. Im vorliegenden Fall ist die Kernaussage, dass das gesamte Fremdkapital über den Cashflow in 8 Jahren zurückgeführt werden könnte. Dies lässt sich grafisch z. B. wie folgt darstellen:

Abbildung 2.9   Beispielfolie zur grafischen Darstellung des dynamischen Verschuldungsgrads

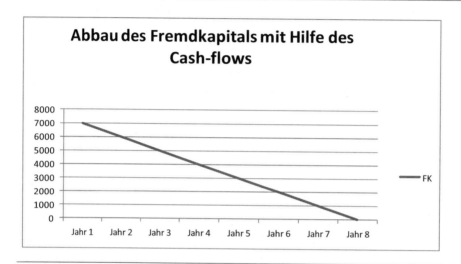

Zur Erläuterung: Das Fremdkapital beträgt zurzeit 8.000 TEUR, der Cashflow beträgt 1.000
TEUR. Wird im nächsten Jahr der gesamte freie Cashflow zur Schuldentilgung verwendet,
so beträgt das Fremdkapital am Ende des nächsten Jahres (Jahr 1) 7.000 TEUR. Das Fremdkapital wird so innerhalb der nächsten 8 Jahre linear abgebaut.

Als dritter Bestandteil der Aufgabe ist eine kritische Würdigung der Aussagefähigkeit der
Kennzahl vorzunehmen. Hierzu könnten folgende Punkte angemerkt werden:

- Durch die Tilgung von Fremdkapital entfallen Zinszahlungen. Die Tilgung müsste
  somit zu einem höheren Cashflow im Folgejahr führen. In der Folge kann im Jahr 2
  mehr Fremdkapital getilgt werden. Der Verlauf der Kurve müsste daher nicht linear,
  sondern degressiv sein.

- Die Aussage unterstellt, dass der gesamte freie Cashflow über Jahre ausschließlich zur
  Schuldentilgung verwendet wird. Es finden keine Investitionen oder Ausschüttungen
  statt. Diese Annahmen sind unrealistisch.

- Für manche Schulden, z. B. langfristige Verbindlichkeiten gegenüber Kreditinstituten
  oder gar Anleihen, ist die Laufzeit vertraglich festgelegt. Eine frühere Rückführung ist
  unter Umständen gar nicht möglich bzw. würde weitere Kosten (Vorfälligkeitsent-
  schädigung) verursachen.

- Steuerverbindlichkeiten werden sich zum Jahresabschluss in der Regel immer ergeben
  und lassen sich auch nicht im Vorfeld zurückführen.

Die vorgenannten Punkte zeigen beispielhaft einige mögliche Kritiken zur Kennzahl des
dynamischen Verschuldungsgrades. Es sollten auf der Folie wiederum nur Stichpunkte
aufgeführt werden. Die volle Erläuterung erfolgt dann verbal im Rahmen der Präsentation.

Neben der reinen Kritik an dem theoretischen Konstrukt der Kennzahl bestehen aber noch konkurrierende Ziele. Diese lassen sich separat darstellen. Ein wesentliches Bespiel hierfür ist, dass ein steigendes Eigenkapital (durch die unterstellte kontinuierliche Tilgung von Fremdkapital) zu einer sinkenden Eigenkapitalrendite führen würde.

2.4.3 Beispiel 3

Sie erhalten die Aufgabe, eine Wertschöpfungsrechnung durchzuführen und Ihre Ergebnisse zu präsentieren. Nach Ihren Berechnungen erhalten Sie folgende Werte für die Wertschöpfungsverwendung:

Belegschaft	11.000 TEUR
Kreditgeber	4.000 TEUR
Öffentliche Hand	1000 TEUR
Eigentümer	2.000 TEUR
Unternehmen	2.000 TEUR
= Wertschöpfungsverwendung	20.000 TEUR

Für eine grafische Darstellung des Ergebnisses bietet sich das Säulendiagramm an. Hierbei stellen die 20.000 TEUR die Höhe der Säule dar. Die einzelnen Anteile werden dann als Säulenabschnitt dargestellt, wenn möglich farblich voneinander abgegrenzt. Hierbei kann man wie folgt vorgehen:

Wertschöpfung	=	20.000 TEUR	=	10 cm	
Belegschaft	=	11.000 TEUR	=	5,5 cm (11.000 EUR = 55% von 20.000 EUR)	
Kreditgeber	=	4.000 TEUR	=	2 cm	
Öffentliche Hand	=	1.000 TEUR	=	0,5 cm	
Eigentümer	=	2.000 TEUR	=	1 cm	
Unternehmen	=	2.000 TEUR	=	1 cm	

Abbildung 2.10   Beispielfolie zur grafischen Darstellung der Wertschöpfungsrechnung

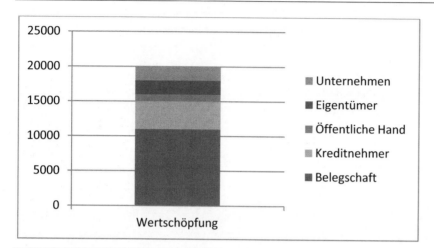

Die Darstellung veranschaulicht z. B. sehr gut, dass ein Großteil der Wertschöpfung an die Arbeitnehmer verteilt wird.

2.4.4   Zusammenfassung

Auch wenn es auf den ersten Blick etwas ungewohnt erscheint, lassen sich Kennzahlen und Berechnungen doch häufig relativ leicht grafisch darstellen. Hierdurch kann der Prüfungsteilnehmer bzw. die Prüfungsteilnehmerin wichtige Akzente in der Präsentation setzen. Die Erstellung von Linien- und Säulendiagrammen sollte im Vorfeld geübt werden um die nötige Geschwindigkeit bei der Erstellung zu erreichen. Neben Kennzahlen lassen sich auch viele Sachverhalte grafisch darstellen. So gibt das von der KPMG herausgegebenen Buch „IFRS visuell" z. B. gute Anregungen, wie sich Rechnungslegungsvorschriften bzw. -konzepte grafisch darstellen lassen.

3 Rahmenplan

3.1 Einleitung

Wie in der Einleitung erwähnt, beruht der Prüfungsteil C der Bilanzbuchhalterprüfung auf Kapitel 6 des Rahmenplans „Geprüfter Bilanzbuchhalter / Geprüfte Bilanzbuchhalterin", welches den Titel „Berichterstattung; Auswerten und Interpretieren des Zahlenwerkes für Managemententscheidungen" trägt. Im Prüfungsgespräch können dann auch die Handlungsbereiche „Erstellen von Zwischen- und Jahresabschlüssen und des Lageberichts nach nationalem Recht" sowie „Erstellen von Abschlüssen nach internationalen Standards" zum Prüfungsgegenstand werden. Es ist jedem Prüfungsteilnehmer bzw. jeder Prüfungsteilnehmerin empfohlen, den Rahmenplan genau zu lesen und die Vorbereitung darauf auszurichten. Nur so kann gewährleistet werden, dass sämtliche möglichen Themen gelernt werden. Leider ist immer wieder festzustellen, dass einige Themen des Rahmenplans wie z. B. die Wertschöpfungsrechnung oder die Bewegungsbilanz nicht in der Vorbereitung berücksichtigt werden. Dies gilt auch für Vorbereitungslehrgänge. Außerdem wird häufig übersehen, dass auch Themen wie Recht oder VWL Gegenstand der Prüfung sein können. Die folgende Darstellung hebt die wichtigsten Themenbereiche der einzelnen Prüfungsfächer hervor:

Abbildung 3.1 Darstellung der wichtigsten Themenbereich der möglichen Prüfungsfächer

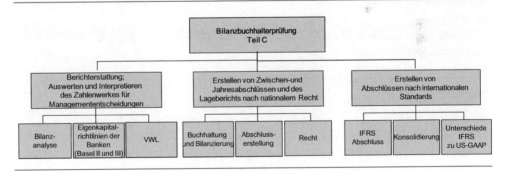

3.2 Exotische Themen des Rahmenplans

3.2.1 Die Wertschöpfungsrechnung

Die betriebswirtschaftliche Wertschöpfungsrechnung darf nicht mit der volkswirtschaftlichen Wertschöpfungsrechnung verwechselt werden. Letztere betrachtet die Wertschöpfung im gesamten volkswirtschaftlichen Produktionsprozess, z. B. die Verarbeitung eines Baums zum Tisch (Fällen, Abtransport, Sägewerk, Schreinerei, Kaufhaus, Käufer). Die betriebswirtschaftliche Wertschöpfungsrechnung, unterteilt in Wertschöpfungsentstehungs- und Wertschöpfungsverwendungsrechnung dient dazu, die volkswirtschaftliche Leistung eines Unternehmens, also den Beitrag des Unternehmens zum Sozialprodukt aufzuzeigen. Gleichzeitig wird angegeben, wie dieser Beitrag auf einzelne Empfängergruppen verteilt wird. Die betriebswirtschaftliche Wertschöpfung eines Unternehmens wird ermittelt, indem man die sog. Vorleistungen – Materialaufwand, Abschreibungen, sonstige betriebliche Aufwendungen – von den Unternehmensleistungen, also der Summe der Erträge, abzieht. Dieser Wertschöpfungsentstehungsrechnung wird die Wertschöpfungsverwendungsrechnung gegenübergestellt. Diese zeigt an, in welcher Höhe die einzelnen Stakeholder des Unternehmens – Belegschaft (Personalaufwand), Eigentümer (Jahresüberschuss bzw. Bilanzgewinn), Kreditgeber (Zinsaufwand), öffentliche Hand (Steuern) – an der Unternehmenswertschöpfung partizipieren. Bei dieser Art der Wertschöpfungsrechnung handelt es sich letzten Endes lediglich um eine Aufteilung und Umgliederung einer nach dem GKV aufgestellten GuV. Bei einer nach dem UKV aufgestellten GuV ist dies nicht ohne Weiteres möglich, da z. B. der Personalaufwand, welcher den auf die Arbeitnehmer entfallenden Anteil der Wertschöpfung anzeigt, nicht ohne Weiteres ersichtlich ist.

Das Ergebnis der Wertschöpfungsentstehungsrechnung entspricht immer dem Ergebnis der Wertschöpfungsverwendungsrechnung.

Beispiel:

Auf Basis der GuV der A-GmbH zum 31.12.20x1 wird die Wertschöpfungsentstehung und -verwendung der A-GmbH ermittelt

Bilanz der A-GmbH zum 31.12.20x1 (in TEUR)	1.1.20x1 – 31.12.20x1
1. Umsatzerlöse	60.012
2. Sonstige betriebliche Erträge	4.020
3. Materialaufwand	31.574
4. Personalaufwand	13.054
5. Abschreibungen	2.176
6. Sonstige betriebliche Aufwendungen	14.088
7. Erträge aus Beteiligungen	4
8. Sonstige Zinsen und ähnliche Erträge	324
9. Sonstige Zinsen und ähnliche Aufwendungen	606
10. Ergebnis der gewöhnlichen Geschäftstätigkeit	2.862
11. Steuern vom Einkommen und vom Ertrag	1.094
12. Jahresüberschuss	1.768
13. Einstellung in die Gewinnrücklagen	768
14. Bilanzgewinn	1.000

Aus der GuV der A-GmbH ergibt sich folgende Wertschöpfungsentstehung und -verwendung:

Wertschöpfungsentstehung 20x1 (in TEUR)		Wertschöpfungsverwendung 20x1 (in TEUR)	
Umsatzerlöse	60.012	Belegschaft (Personalaufwand)	13.054
+ Sonstige betriebliche Erträge	4.020	+ Kreditgeber (Zinsaufwand)	606
+ Erträge aus Beteiligungen	4	+ Öffentliche Hand (Steuern)	1.094
+ Sonstige Zinsen und ähnliche Erträge	324	+ Eigentümer (Bilanzgewinn)	1.000
= Unternehmensleistung	64.360	+ Unternehmen (Einstellung in die Gewinnrücklagen)	768
./. Materialaufwand	31.574	= Wertschöpfungsverwendung	16.522
./. Abschreibungen	2.176		
./. Sonstige betriebliche Aufwendungen	14.088		
= Wertschöpfung	16.522		

Im Rahmen der Wertschöpfungsentstehungsrechnung wird zunächst die Unternehmensleistung ermittelt. Hierzu werden sämtliche Erträge der GuV addiert. Anschließend werden diejenigen Aufwendungen abgezogen, welche einen Vorleistungscharakter haben. Im Prinzip handelt es sich hierbei um die Kosten der Leistungserstellung. Am einfachsten ist es sich zu merken, dass Personal- und Zinsaufwand zur Wertschöpfungsverwendung gezählt werden. Hierdurch folgt im Umkehrschluss, welche Aufwendungen bei der Wertschöpfungsentstehung zu berücksichtigen sind.

Im obigen Beispiel hat die A-AG im Jahr 20x1 eine Wertschöpfung in Höhe von TEUR 16.522 erwirtschaftet. Diese wurde zum Großteil (TEUR 13.054) an die Belegschaft verteilt.

Hinweis: Selbst bei einem Jahresfehlbetrag bzw. einen Bilanzverlust kommt es in der Regel zu einer positiven Wertschöpfung. Dies liegt daran, dass Personal- und Zinsaufwand zur Wertschöpfungsverwendung zählen und somit die Wertschöpfungsentstehung nicht mindern.

Die Wertschöpfungsrechnung eignet sich nicht dazu, betriebswirtschaftliche Aussagen zu treffen. Sie wird häufig verwendet, um die sozialen Kompetenzen des Unternehmens, etwa die Verteilung der Wertschöpfung an Arbeitnehmer und öffentliche Hand, werbewirksam darzustellen.

3.2.2   Bewegungsbilanz

Mit Hilfe einer Bewegungsbilanz lassen sich Aussagen über die bilanzielle Mittelherkunft und Mittelverwendung treffen. Hierzu wird die Veränderung der einzelnen Bilanzpositionen zwischen zwei Berichtsperioden ermittelt und nach folgendem Schema dargestellt:

Mittelverwendung	Mittelherkunft
Aktivzunahmen: Zunahme bei den Bilanzpositionen der Aktivseite (Bruttoinvestition)	**Passivzunahmen:** Zunahme bei den Bilanzpositionen der Passivseite (Eigen- und Fremdfinanzierung)
Passivabnahmen: Abnahme bei den Bilanzpositionen der Passivseite (Rückführung der Finanzierung)	**Aktivabnahmen:** Abnahme bei den Bilanzpositionen der Aktivseite

Obwohl das Schema etwas ungewohnt ist, lässt es sich doch sehr einfach nachvollziehen. Mittel, also Finanzmittel (sprich Geld), können entweder dazu verwendet werden, Vermögensgegenstände zu erwerben (Aktivzunahme) oder Schulden abzubauen bzw. Ausschüttungen an die Eigenkapitalgeber vorzunehmen (Rückführung der Finanzierung bzw. Passivabnahme). Die dabei verwendeten Finanzmittel können aus zwei Quellen stammen, nämlich aus der Aufnahme von Eigen- bzw. Fremdkapital (Passivzunahme) oder aus dem Verkauf von Aktiva (in der Regel dem Verkauf der fertigen Erzeugnisse), also einer Aktivabnahme. Werden Vermögensgegenstände des Anlagevermögens abgebaut, spricht man von Devestition (Gegenteil von Investition).

Ausgangsbasis für die Aufstellung einer Bewegungsbilanz ist die Gegenüberstellung von zwei aufeinander folgenden Bilanzstichtagen und die Ermittlung der Veränderungen für jede Bilanzposition der Aktiv- und Passivseite.

Beispiel:

Aktiva (in TEUR)	31.12.20x2	31.12.20x1	Δ
A. Anlagevermögen			
I. Sachanlagen	5.700	5.800	- 100
II. Finanzanlagen	1.500	1.200	+ 300
B. Umlaufvermögen			
I. Vorräte	2.200	2.000	+ 200
II. Forderungen und sonstige Vermögens-gegenstände			
1. Forderungen aus Lieferungen und Leistungen	7.300	7.000	+ 300
2. sonstige Vermögensgegenstände	4.500	5.000	- 500
III. Kasse, Bank	4.400	4.000	+ 400
Bilanzsumme	25.600	25.000	+ 600

Passiva (in TEUR)	31.12.20x2	31.12.20x1	
A. Eigenkapital			
1. Gezeichnetes Kapital	1.000	900	+ 100
2. Kapitalrücklage	2.700	2.600	+ 100
3. Gewinnrücklagen	2.600	2.700	- 100
4. Bilanzgewinn	500	700	-200
B. Sonstige Rückstellungen	1.500	750	+ 750
C. Verbindlichkeiten			
1. Verbindlichkeiten gegenüber Kredit-instituten	11.600	12.750	- 1.150
2. Verbindlichkeiten aus Lieferungen und Leistungen	2.600	2.500	+ 100
3. Sonstige Verbindlichkeiten	3.100	2.100	+ 1.000
Bilanzsumme	25.600	25.000	+ 600

Für jede Bilanzposition ist entsprechend das Delta (Δ), also die Differenz, zu ermitteln. Es bietet sich an, das Delta mit Vorzeichen (+ oder -) aufzuschreiben. Dies erleichtert die Überführung der Differenzen in die Bewegungsbilanz ungemein. Als Ergebnis der Delta-Berechnung erhält man die sog. **Beständedifferenzbilanz**. Die Summe der Veränderungen der Aktivseite muss dabei der Summe der Veränderungen der Passivseite entsprechen (Beständedifferenz**bilanz**). Im Beispielfall ergibt sich folgende Beständedifferenzbilanz:

Aktiva		Passiva	
A. Anlagevermögen		A. Eigenkapital	
I. Sachanlagen	- 100	1. Gezeichnetes Kapital	+ 100
II. Finanzanlagen	+ 300	2. Kapitalrücklage	+ 100
		3. Gewinnrücklagen	- 100
B. Umlaufvermögen		4. Bilanzgewinn	-200
I. Vorräte	+ 200	B. Sonstige Rückstellungen	+ 750
II. Forderungen und sonstige Ver-mögensgegenstände		C. Verbindlichkeiten	
1. Forderungen aus Lieferungen und Leistungen	+ 300	1. Verbindlichkeiten gegenüber Kreditinstituten	- 1.150
2. sonstige Vermögensgegen-stände	- 500	2. Verbindlichkeiten aus Lieferungen und Leistungen	+ 100
III. Kasse, Bank	+ 400	3. Sonstige Verbindlichkeiten	+ 1.000
Summe	+ 600	**Summe**	+ 600

Alle positiven Differenzen der Aktivseite werden in der Bewegungsbilanz als Mittelverwendung (Aktivzunahme) dargestellt. Alle negativen Differenzen der Aktivseite gehören zur Position Mittelherkunft (Aktivabnahme) in der Bewegungsbilanz. Umgekehrt gehören alle positiven Differenzen der Passivseite zur Position Mittelherkunft (Passivzunahme), während negative Differenzen der Passivseite in die Kategorie Mittelverwendung (Passiv-abnahme) fallen.

Mittelverwendung		Mittelherkunft	
Aktivzunahmen:		**Passivzunahmen:**	
■ Finanzanlagen	+ 300	■ Gezeichnetes Kapital	+ 100
■ Vorräte	+ 200	■ Kapitalrücklage	+ 100
■ Forderungen LuL	+ 300	■ So. Rückstellungen	+ 750
■ Kasse	+ 400	■ Verbindlichkeiten LuL	+ 100
	1.200	■ So. Verbindlichkeiten	+ 1.000
			2.050
Passivabnahmen:		**Aktivabnahmen:**	
■ Gewinnrücklagen	100	■ Sachanlagen	100
■ Bilanzgewinn	200	■ Sonstige Vggst.	500
■ Verbindlichkeiten KI	1.150		600
	1.450		

Wie bei der normalen Bilanz, muss auch bei der Bewegungs**bilanz** Summengleichheit herrschen, d. h. die Summe der Mittelverwendung muss der Summe der Mittelherkunft entsprechen.

Die Bewegungsbilanz vermittelt einen ersten Eindruck über die Mittelherkunft und –verwendung. Mehr kann sie aber auch nicht leisten! Folgende Punkte schränken die Aussagekraft einer Bewegungsbilanz ein:

■ Es werden nur saldierte Bruttoveränderungen gezeigt.
   Beispiel: Die A-GmbH erwirbt eine neue Maschine für TEUR 100. Gleichzeitig wird eine außerplanmäßige Abschreibung in Höhe von TEUR 60 auf eine andere Maschine vorgenommen. Beide Vorgänge werden in der Bewegungsbilanz als Mittelverwendung – Aktivzunahme TEUR 40 zusammengefasst dargestellt werden. Tatsächlich liegt aber eine Aktivzunahme von TEUR 100 (Mittelverwendung) und eine Aktivabnahme (Mittelherkunft) von TEUR 60 vor.

■ Der Begriff „Mittelherkunft" ist teilweise irreführend:
   Beispiel: Wurde die o. g. außerplanmäßige Abschreibung z. B. dadurch verursacht, dass eine Maschine durch Feuer zerstört wurde, so ist es schwer nachvollziehbar wie dieser Vermögensverlust zu einer Mittelherkunft führen kann.

■ Änderungen der Bilanzierung verzerren die Aussagekraft (z. B. von HGB alt auf BilMoG; geänderte Ausübung von Bilanzierungswahlrechten)

Wichtig: Die Bewegungsbilanz beruht auf bilanziellen Buchwerten. Sie darf nicht mit Zahlungsstromrechnungen, wie z. B. der Kapitalflussrechnung verwechselt werden.

3.2.3 Basel II und Rating

Der Rahmenplan sieht vor, dass der Prüfungskandidat die „Inhalte und Ziele der aktuellen Eigenkapitalrichtlinien kennen und deren Auswirkungen bezüglich des Ratings für Unternehmen auswerten und darstellen" kann. Wichtig ist hierbei nicht nur Basel II und Rating getrennt zu lernen. Vielmehr muss der Prüfungskandidat in der Lage sein, die Auswirkungen von Basel II auf den Ratingprozess und die Bedeutung des Ratings für die Kapitalaufnahme darstellen zu können.

3.2.3.1 Eigenkapitalrichtlinien (Basel I-III)

Die Eigenkapitalrichtlinien der Banken sind unter dem Schlagwort Basel I, II und III bekannt, wobei nur noch Basel II und Basel III von Bedeutung sind.

Mehrere Fälle in der Nachkriegsgeschichte, vom Kölner Bankhaus Herstatt bis zur amerikanischen Investmentbank Bear Stearns haben gezeigt, dass insolvente Finanzinstitute erhebliche Störungen auf den internationalen Finanzmärkten verursachen können. Um die Eintrittswahrscheinlichkeit solcher Finanzinstitutsinsolvenzen zu minimieren, versuchen Aufsichtbehörden weltweit, globale Regeln zur Eigenkapitalausstattung aufzustellen. Diese Regeln legen fest, wie viel Finanzgeschäfte eine Bank mit ihrem vorhandenen regulatorischen Eigenkapital eingehen darf. Die erste dieser Eigenkapitalvereinbarungen wurde im Jahr 1998 geschlossen und ist unter dem Namen Basel I bekannt. Basel I wurde im Jahr 2007 von der noch heute gültigen Vereinbarung Basel II ersetzt. Die wesentliche Neuerung von Basel II lag darin, die Eigenkapitalanforderungen an die eingegangenen Risiken zu koppeln. Hierzu werden drei Hauptrisikoarten unterschieden: das Kredit-, das Markt- und das operationelle Risiko. Für jede Hauptrisikoart wurden bestimmte Mindestkapitalanforderungen definiert.

Für Unternehmen außerhalb der Finanzbranche sind vor allem die Regelungen zum Kreditrisiko von Bedeutung. Unter Kreditrisiko versteht man das Risiko, dass ein Kreditnehmer den erhaltenen Kredit nicht bzw. nicht vollständig zurückzahlen kann. Je höher das Kreditrisiko ist, desto mehr Eigenkapital muss die Bank hinterlegen (bzw. vorhalten) und desto weniger Geschäft kann sie machen (da Eigenkapital in seiner Höhe nur begrenzt zur Verfügung steht). Das Kreditrisiko wird dabei häufig auf Basis eines Ratingverfahrens ermittelt. Je geringer das Kreditrisiko, desto besser das Rating, desto weniger Eigenkapitalhinterlegung. Die Unterlegung des Kreditrisikos mit Eigenkapital stellt somit das Bindeglied zwischen Basel II und realwirtschaftlichen Unternehmen dar.

Schematisch wird Basel II häufig als antiker Tempel mit drei Säulen dargestellt. Die risikoorientierten Mindestkapitalanforderungen bilden die sog. erste Säule. Die zweite Säule besteht aus dem bankenaufsichtlichen Überprüfungsprozess. Im Rahmen dieses bankenaufsichtlichen Überwachungsprozesses wird durch die Aufsichtbehörden oder durch von ihnen beauftrage Personen (z. B. Abschlussprüfer) die Einhaltung der unter der ersten Säule geforderten Mindestkapitalanforderungen überprüft. Die erweiterte Offenlegungspflicht stellt die dritte Säule dar. Hiernach sind Banken verpflichtet, bestimmte Kennzahlen, z. B. die Solvabilitätsquote zu veröffentlichen. Hierdurch soll eine neue Markttransparenz entstehen, die letztendlich durch positive Wettbewerbseffekte zu einer freiwilligen Verbesserung der Kennzahlen und somit zur Eigenkapitalunterlegung führt.

Im Zuge der schweren internationalen Finanzkrise im Jahr 2008 wurden die Basel II-Regelungen unter dem Stichwort Basel III erweitert. Basel III stellt dabei keine eigenständige Regelung, sondern vielmehr eine Ergänzung von Basel II dar. Die Ergänzungen sind teilweise sehr technisch und speziell, so dass sie mit hoher Wahrscheinlichkeit nicht Gegenstand der Teil C Prüfung sein werden. Auf den Internetseiten der Deutschen Bundesbank (www.bundesbank.de) finden sich einige gute Zusammenfassungen zu den aktuellen Eigenkapitalrichtlinien Basel II und Basel III. Es empfiehlt sich, diese zur Prüfungsvorbereitung zu nutzen.

3.2.3.2   Rating

Wie im vorangegangenen Abschnitt bereits erwähnt, zwingen die Basel II Regelungen Banken dazu, Kreditrisiken mit Eigenkapital zu hinterlegen. Dies hat vor allem zwei wesentliche Auswirkungen:

- Je höher das Kreditrisiko, desto höher ist für die Bank das zu unterlegende Eigenkapital. Da das Eigenkapital der Bank begrenzt ist, führt dies dazu, dass die Bank weniger Geschäfte abschließen kann. Die Bank wird versuchen, das geringere Geschäftsvolumen durch höhere Preise (Zinsen) auszugleichen.
- Banken tendieren dazu, Geschäfte mit geringerem Kreditrisiko zu bevorzugen.

Das Rating eines Unternehmens, welches eine Art Gradmesser für die Ausfallwahrscheinlichkeit des Unternehmens ist, wirkt sich somit in drei wesentlichen Punkten auf die Kreditaufnahme aus:

- Kreditaufnahme wird durch ein gutes Rating erleichtert (Banken bevorzugen Schuldner mit gutem Rating und somit geringerer Ausfallwahrscheinlichkeit).
- Je besser das Rating, desto besser sind in der Regel die gewährten Konditionen (Zinsen, Laufzeiten, Covenants etc.).
- Je besser das Rating, desto weniger Sicherheiten müssen hinterlegt werden.

Die Regelungen von Basel II zwingen Banken, das Kreditrisiko für jeden Kredit zu ermitteln. Dies geschieht auf Basis eines sog. Ratings. Dabei soll mit Hilfe des Ratings die Fähigkeit des Schuldners zur pünktlichen und vollumfänglichen Leistung des Kapitaldienstes (Zins und Tilgung) gedeutet werden. Wesentliche Kriterien die das Rating beeinflussen sind die

- Vermögens-, Finanz- und Ertragslage (VFE-Lage) des Unternehmens,

- Risikotragfähigkeit, also die Höhe des ökonomischen Eigenkapitals und der vorhandenen Liquiditätsreserven,

- Risiken, denen das Unternehmen ausgesetzt ist.

Das Rating wird auf Basis von „harten" und „weichen" Ratingfaktoren ermittelt. Zu den harten Ratingfaktoren zählen quantitative Finanzkennzahlen zur VFE-Lage. Die Finanzkennzahlen werden dabei auf Basis der bisherigen Unternehmensentwicklung und / oder auf Basis der mittelfristigen Unternehmensplanung berechnet. Die nachfolgende Tabelle gibt eine Übersicht über die jeweiligen Kennzahlen zur VFE Lage.

Kennzahlen zur Vermögenslage	Kennzahlen zur Finanzlage	Kennzahlen zur Ertragslage
Anlagenintensität	Eigenkapitalquote	Cashflow
Vorratsintensität	Fremdkapitalquote	ROI
Arbeitsintensität	Verschuldungskoeffizient	ROCE
Umschlagshäufigkeiten ■ Gesamtvermögen ■ Sachanlagevermögen ■ Vorratsvermögen ■ Forderungen ■ (Verbindlichkeiten)	Liquidität ■ I. Grades ■ II. Grades ■ III. Grades	Erfolgsspaltung der GuV ■ Ordentliches Betriebsergebnis ■ Finanzergebnis ■ a. o. Ergebnis
Investitionsquote	(Net) Working Capital	Aufwandsstruktur u.a. ■ Materialaufwandsquote ■ Personalaufwandsquote
Abschreibungsquote	Selbstfinanzierungsgrad	Rentabilität ■ Eigenkapital ■ Gesamtkapital ■ Umsatz
Anlagenabnutzungsgrad	durchschnittliche Debitoren und Kreditorenlaufzeit (Umschlagsdauer Forderungen und Verbindlichkeiten)	EBIT / EBITDA
		Umsatz
		Jahresüberschuss

Die Einteilung der Kennzahlen in die drei verschiedenen Bereiche ist nicht immer eindeutig. So lässt sich z. B. mit Hilfe des Cashflows auch eine Aussage zur Finanzlage des Unternehmens treffen.

Werden die Kennzahlen zu Ratingzwecken verwendet, so wird für jede im Ratingprozess betrachtete Kennzahl eine bestimmte Bandbreite festgelegt. Die Bandbreite wird dann unterteilt. Hierdurch entstehen die verschiedenen Ratingkategorien (z. B. AAA oder AA+). Die Bandbreite und ihre Unterteilung beruht sowohl auf betriebswirtschaftlichen Überlegungen als auch auf Erfahrungswerten. Das nachfolgende Beispiel verdeutlicht den Ablauf eines Ratingprozesses.

Beispiel:

Für die A-GmbH soll ein Rating ermittelt werden. Hierzu werden drei Kennzahlen berechnet und mit den vorgegebenen Bandbreiten verglichen:

Ratingkategorie	R5	R4	R3	R2	R1	A-GmbH
Aussage	Sehr Ausfall gefährdet	Ausfall gefährdet	Eingeschränkt kreditwürdig	Kreditwürdig	Sehr kreditwürdig	
Eigenkapitalquote	< 10 %	10-20 %	20,1-30 %	30,1 – 50 %	> 50 %	**32 %**
Umschlagshäufigkeit der Forderungen	< 4	> 4	> 6	> 12	> 36	**26**
Return on Investment	< 0 %	0 – 5 %	5,1 – 10 %	10,1 – 20 %	> 20 %	**14**

Wie zu sehen, fallen die Kennzahlen der A-GmbH alle in die Bandbreite der Ratingkategorie R2. Die Verdichtung zu einem Gesamtrating wird dadurch sehr vereinfacht. Schwieriger ist es, wenn die verschiedenen Kennzahlen in die Bandbreiten unterschiedlicher Ratingkategorien fallen, also z. B., wenn die Eigenkapitalquote in die Kategorie R4 fallen würde, der Return on Investment hingegen in die Kategorie R2. Bei der Verdichtung zu einem Gesamtrating müssen in diesem Fall die einzelnen Kennzahlen gewichtet werden.

Neben den harten gibt es noch die weichen Ratingfaktoren, die auch als qualitative Faktoren bezeichnet werden. Sie sind in der Regel nur schwer messbar, haben aber dennoch eine hohe Bedeutung für den langfristigen Unternehmenserfolg und somit für die Sicherstellung der Kapitaldienstfähigkeit. Beispiele für weiche Faktoren sind:

- Branche, in der das Unternehmen tätig ist
- Qualität und Erfahrung des Managements
- Kundenzufriedenheit / -loyalität
- Firmenimage / Marke

In den letzten Jahren ist insbesondere der letzte Faktor, das Firmenimage, immer stärker ins Zentrum der Kreditentscheidung gerückt. So haben beispielsweise Umweltschützer und andere Nichtregierungsorganisationen gezielt öffentlichkeitswirksame Kampagnen gegen Banken gestartet, die Tierversuche oder Erdölförderung finanzieren. Infolge dessen achten Banken vermehrt auf Branche und Image der (potenziellen) Kreditnehmer.

3.2.3.3   Internes vs. Externes Rating

Beim Rating wird zwischen einem internen und einem externen Rating unterschieden. Ratingverfahren, welche ein Kreditgeber (z. B. Bank) zur Kreditentscheidung durchführt, werden als internes Rating bezeichnet. Sie dienen ausschließlich der internen Entscheidungsfindung und werden nicht veröffentlicht. Auch der Kreditnehmer selbst erfährt das Ergebnis des internen Ratingprozesses in der Regel nur indirekt anhand der Kreditzu bzw. -absage und den angebotenen Kreditkonditionen.

Insbesondere kapitalmarktorientierte Unternehmen benötigen dagegen ein Rating, welches veröffentlicht werden kann. Für ein solches externes Unternehmensrating beauftragen sie eine Ratingagentur, die dann das Unternehmen bewertet und ein Rating erstellt. Die nachfolgende Tabelle zeigt nochmals die wesentlichen Unterschiede zwischen internem und externem Rating.

Tabelle 3.1   Unterschiede zwischen internem und externem Rating

	Internes Rating	Externes Rating
Auftraggeber	Teil der bankinternen Kreditantragsprüfung	Unternehmen selber
Kosten	Von der Bank getragen	Unternehmen als Auftraggeber muss die Kosten tragen
Durchführung	Von der Bank nach eigenen Kriterien durchgeführt	Von externer Ratingagentur durchgeführt
Veröffentlichung	Nein	Ja, in der Regel in Form einer Note (z.B. BB)
Verwendung	Kreditgewährung (Bonitätsprüfung)	Kapitalmarkorientiert (IPO, Anleihenplatzierung)

3.2.4 Konjunktur und andere VWL Themen

Vielfach unbeachtet, enthält der für die Teil C Prüfung relevante Prüfungsteil B6 „Bericht-erstattung; Auswerten und Interpretieren des Zahlenwerks für Managemententscheidungen" eine Reihe von VWL-spezifischen Themen. Auch wenn diese eher selten in der Prüfung auf-treten, sollten Prüfungsteilnehmer bzw. Prüfungsteilnehmerinnen dennoch darauf gefasst sein, im Fachgespräch oder sogar in einer der beiden Aufgaben Fragen mit volkswirtschaft-lichen Hintergrund gestellt zu bekommen. Im Folgenden werden einige dieser Themen kurz erläutert.

3.2.4.1 Wirtschaftsordnung und Wirtschaftssysteme

Die zwei großen Wirtschaftssysteme sind die freie Marktwirtschaft und die Planwirtschaft (auch Zentralverwaltungswirtschaft genannt). Die wesentlichen Unterschiede zwischen beiden Systemen zeigt die nachfolgende Tabelle.

Tabelle 3.2 Unterschiede zwischen freier Marktwirtschaft und Planwirtschaft / Zentralverwaltungswirtschaft

Freie Marktwirtschaft	Planwirtschaft / Zentralverwaltungswirtschaft
Die Produktion wird dezentral durch Angebot und Nachfrage gesteuert.	Die Produktion wird zentral durch staatliche Planung gesteuert.
Die Produktionsmittel befinden sich im Privat-eigentum.	Die Produktionsmittel sind im Staats- oder Gemein-schaftsbesitz.
Freie Studien- und Berufswahl	Staatliche Studiums- und Berufszuordnung

In der Praxis treten häufig Mischformen zwischen beiden Systemen auf. So wurden z.B. im Zuge der im Jahr 2007 begonnen Wirtschafts- und Finanzkrise in vielen Ländern mit freier Marktwirtschaft Banken verstaatlicht.

3.2.4.2 Regelungen zur Wettbewerbsbeschränkung

In der freien Marktwirtschaft besteht häufig die Tendenz einzelner Marktakteure, den Wettbewerb einzuschränken. Dies kann zum einen auf staatlicher Ebene erfolgen, z. B. mittels Schutzzöllen oder Einfuhrverboten, zum anderen aber auch auf privater Ebene z. B. in Form von Kartellen. Bezüglich den Wettbewerbsbeschränkungen auf staatlicher Ebene sollte dem Prüfungsteilnehmer bzw. der Prüfungsteilnehmerin die Abkürzung „GATT" ein Begriff sein, da sie explizit im Rahmenplan als Beispiel genannt ist. GAAT steht dabei für „General Agreement on Tariffs and Trade" (Allgemeines Zoll und Handelsabkommen). GAAT wurde kurz nach dem zweiten Weltkrieg im Jahr 1948 geschlossen und zielt darauf ab, weltweit bestehende Wettbewerbsbeschränkungen abzubauen und so den freien Handel zu fördern.

Wie bereits erwähnt, besteht eine Form der Wettbewerbsbeschränkung in der Bildung eines Kartells. Ein Kartell besteht aus einer in der Regel geheimen (weil meistens verbotenen) Vereinbarung, mit gleichen Konditionen am Markt aufzutreten. Häufigste Form ist das sog. Preiskartell, bei dem die Teilnehmer sich bezüglich der Mindestpreise für ihre Produkte absprechen. Ein echter Wettbewerb findet somit nicht statt. Verbraucher werden vielmehr gezwungen, zu künstlich festgesetzten Preisen zu kaufen. Um dies zu verhindern, bestehen in den meisten Ländern mit freier Marktwirtschaft Kartellgesetze, welche die Bildung eines Kartells verbieten und unter Strafe stellen.

Das bekannteste Kartell ist die Organisation der Erdöl exportierenden Länder (OPEC), deren Mitglieder sich über die tägliche Fördermenge von Rohöl verständigen. Über die Fördermenge können sie so Einfluss auf den Ölpreis ausüben (je geringer das Angebot, desto höher der Preis) oder politischen Forderungen Nachdruck verleihen (z. B. Ölkrise).

3.2.4.3   Volkswirtschaftliche Preisbildung

Aus volkswirtschaftlicher Sicht bestimmt sich der Preis eines Produktes aus den zwei Faktoren Angebot und Nachfrage. Dies lässt sich grafisch wie folgt visualisieren:

Abbildung 3.2   Darstellung der Angebots- und Nachfragefunktion

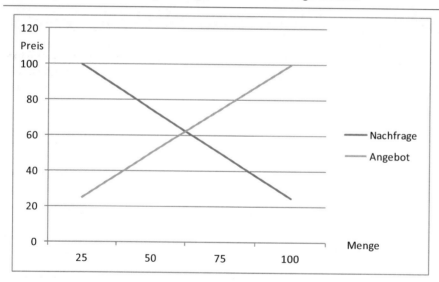

Bei der **Nachfragefunktion** wird unterstellt, dass die Nachfrage bei sinkendem Produktpreis steigt. Dies gilt selbstverständlich nur so lange, wie keine Sättigung des Marktes eintritt. Umgekehrt wird bei der **Angebotsfunktion** unterstellt, dass das Angebot eines Produkts mit abnehmendem Produktpreis nachlässt. Dort wo sich die beiden Funktionen treffen, herrscht ein Preisgleichgewicht, d. h. die die Nachfrager sind bereit, ein Produkt zum angebotenen Preis zu kaufen. Dem Preis kommen drei wesentliche Funktionen zu, nämlich

- die Signal- und Informationsfunktion,

- die Lenkungs- /Allokationsfunktion,

- die Erziehungsfunktion.

3.2.4.4   Konjunktur und Wirtschaftswachstum

Unter dem Begriff Konjunktur versteht man den Verlauf des Wirtschaftswachstums einer Volkswirtschaft. Der Konjunkturverlauf folgt in der Regel einem bestimmten Muster, welches man als den Konjunkturzyklus bezeichnet. Er setzt sich aus vier Phasen zusammen:

- **Aufschwung**: Die Wirtschaft wächst, z. T. mit steigendem Tempo. Die Zahl der Arbeitslosen sinkt, die Steuereinnahmen des Staates steigen.

- **Boom**: Das Wirtschaftswachstum erreicht seinen Höhepunkt. Extrem niedrige Arbeitslosigkeit bis hin zur Vollbeschäftigung.

- **Abschwung**: Die Wirtschaftsleistung geht zurück (schrumpft). Bei zwei aufeinander folgenden Quartalen mit sinkender Wirtschaftsleistung spricht man von einer Rezession. Die Zahl der Arbeitslosen steigt.

- **Depression**: Die Wirtschaftsleistung erreicht ihren tiefsten Stand (vor dem nächsten Aufschwung). Hohe Arbeitslosigkeit, geringe Steuereinnahmen des Staates.

Der Verlauf des Konjunkturzyklus wird in der Regel mit Hilfe so genannter Konjunkturindikatoren beobachtet. Hierbei lässt sich zwischen Frühindikatoren, Präsenzindikatoren und Spätindikatoren unterscheiden. Die nachfolgende Tabelle gibt einen Überblick über die verschiedenen Indikatoren:

Tabelle 3.3   Diverse Konjunkturindikatoren

Frühindikatoren	Präsenzindikatoren	Spätindikatoren
Auftragseingänge	Bruttoinlandsprodukt (auf Monats- / Quartalsbasis)	Bruttoinlandsprodukt (auf Jahresbasis
Einkaufsmanagerindex	Umsatz im Dienstleistungsbreich	Arbeitslosenquote
Geschäftsklimaindex	Gemeldete Stellen	Zahl der Insolvenzen
Konsumklimaindex	Kurzarbeit	Steuereinnahmen des Staates
Rohstoffpreisentwicklung	Sparquote	

3.3   Ausgewählte Themen des Rahmenplans

3.3.1   Dynamischer und statischer Verschuldungsgrad

Obwohl die Namensverwandtschaft eine gewisse Nähe vermuten lässt, unterscheiden sich dynamischer und statischer Verschuldungsgrad deutlich in ihrer Berechnung und Aussagekraft. Erschwerend kommt hinzu, dass insbesondere für den dynamischen Verschuldungsgrad mehrere Berechnungsvarianten existieren. Die zwei gängigsten Berechnungsvarianten für den dynamischen Verschuldungsgrad sind:

$$\text{Verschuldungsgrad }_{\text{dynamisch}} = \frac{\text{Fremdkapital}}{\text{Cashflow}} \quad \text{und}$$

$$\text{Verschuldungsgrad }_{\text{dynamisch}} = \frac{\text{Fremdkapital} - \text{liquide Mittel}}{\text{Cashflow}}$$

Teileweise wird das Ergebnis mit 100 multipliziert und als Prozentzahl ausgewiesen. Die Kennzahl gibt an, in wie vielen Jahren das Fremdkapital über den Cashflow getilgt werden kann. Wie bereits mehrfach erwähnt, handelt es sich hierbei um eine theoretische Annahme. In der Praxis ist es sehr unwahrscheinlich, dass der gesamte Cashflow über Jahre hinweg ausschließlich zur Schuldentilgung verwendet wird, also keine Investitionen und Ausschüttungen getätigt werden. Der dynamische Cashflow verdeutlicht aber, wie das Verhältnis von aktueller Verschuldung zur Fähigkeit eines Unternehmens zur Generierung liquider Mittel ist. Je höher der dynamische Verschuldungsgrad ist, desto unwahrscheinlicher wird es, dass ein Unternehmen sein Fremdkapital aus eigener Kraft zurückzahlen kann. In Verbindung mit einer Betrachtung der Liquiditätsgrade lassen sich so Rückschlüsse auf eine mögliche Überschuldung ziehen.

Der statische Verschuldungsgrad, auch **Verschuldungskoeffizient** genannt, drückt dagegen das Verhältnis von Fremd- zu Eigenkapital aus. Er berechnet sich wie folgt:

$$\text{Verschuldungsgrad }_{\text{statisch}} = \frac{\text{Fremkapital}}{\text{Eigenkapital}} \times 100$$

Je größer die Kennzahl, desto stärker ist ein Unternehmen über Fremdkapital finanziert. Im Gegensatz zum dynamischen Verschuldungsgrad, bei welchem über den Cashflow eine Zeitraumkomponente enthalten ist, ist der statische Verschuldungsgrad eine reine Stichtagsbetrachtung. Er ist insofern anfälliger für bilanzpolitische Beeinflussungen.

Beispiel:

Berechnen Sie den statischen und dynamischen Verschuldungsgrad der A-AG für das aktuelle Berichtsjahr:

Aktiva			Passiva		
I. Anlagevermögen	2.143.750	(1.732.500)	I. Eigenkapital	1.426.250	(946.750)
II. Umlaufvermögen	1.242.500	(1.025.500)	II. Rückstellungen	988.750	(761.250)
davon liquide Mittel	87.500	(52.500)	davon langfristig	472.500	(350.000)
			davon kurzfristig	516.250	(411.250)
			III. Verbindlich-keiten	971.250	(1.050.000)
			davon langfristig	796.250	(612.500)
			davon kurzfristig	175.000	(437.500)
	3.386.250	(2.758.000)		3.386.250	(2.758.000)

Gewinn- und Verlustrechnung (in Mio. Euro)	1.1. – 31.12.	
1. Umsatzerlöse	5.258.750	(2.975.000)
2. Bestandsveränderungen und aktivierte Eigenleistungen	-183.750	(700.000)
3. Gesamtleistung	5.075.000	(3.675.000)
4. Sonstige betriebliche Erträge	227.500	(218.750)
5. Materialaufwand	-2.625.000	(-1.837.500)
6. Personalaufwand	-1.400.000	(-1.225.000)
7. Abschreibungen	-525.000	(-210.000)
8. sonstige betriebliche Aufwendungen	-735.000	(-708.750)
9. Finanzergebnis	87.500	(-53.000)
10. Ergebnis der gewöhnlichen Geschäftstätigkeit	105.000	(-140.500)
11. Steuern vom Einkommen und vom Ertrag	-11.375	(875)
12. Sonstige Steuern	-9.625	(-5.250)
13. Jahresüberschuss / Jahresfehlbetrag	84.000	(-144.875)

Der statische Verschuldungsgrad kann direkt aus der Bilanz heraus berechnet werden.

$$\text{Verschuldungsgrad}_{\text{statisch}} = \frac{\text{Fremkapital}}{\text{Eigenkapital}} \times 100 = \frac{1.960.000}{1.426.250} \times 100 = 137\,\%$$

Für die Berechnung des dynamischen Verschuldungsgrads muss zunächst der Cashflow berechnet werden. Mangels weiterer Informationen sollte hierbei die vereinfachte Cash-flow-Berechnung vorgenommen werden:

Jahresüberschuss	84.000
+ Abschreibungen	525.000
+ Veränderungen langfristiger Rückstellungen	122.500
= Cashflow	731.500

Abschließend kann der dynamischen Verschuldungsgrad nach einer der beiden o. g. Formeln berechnet werden.

$$\text{Verschuldungsgrad }_{\text{dynamisch}} = \frac{\text{Fremdkapital}}{\text{Cashflow}} = \frac{1.960.000}{731.500} = 2,7$$

$$\text{Verschuldungsgrad }_{\text{dynamisch}} = \frac{\text{Fremdkapital} - \text{liquide Mittel}}{\text{Cashflow}} = \frac{1.960.000 - 87.500}{731.500} = 2,6$$

3.3.2   EBIT und EBITDA

Auch wenn die Kennzahlen EBIT und EBITDA nicht explizit im Rahmenplan genannt werden, sollte der Prüfungsteilnehmer bzw. die Prüfungsteilnehmerin dennoch mit ihnen vertraut sein. EBIT steht für Earnings before Intests and Taxes, also dem Ergebnis vor Zinsen und Steuern. Durch die Eliminierung der Zinsen soll eine bessere Vergleichbarkeit von Unternehmen mit unterschiedlicher Kapitalstruktur erreicht werden. Die Eliminierung der Ertragssteuern gewährleistet eine Vergleichbarkeit trotz unterschiedlicher Steuersätze auf nationaler (Körperschaftsteuer) und regionaler (Gewerbesteuer) Ebene.

Das EBIT kann entweder durch Vorwärts- oder Rückwärtsrechnung ermittelt werden. Bei der Vorwärtsrechnung startet man mit den Umsatzerlösen und fügt alle zum EBIT gehörenden Positionen der GuV dazu. Bei der Rückwärtsrechnung werden dagegen, ausgehend vom Jahresüberschuss, sämtliche GuV Positionen, die nicht zum EBIT gehören, eliminiert. Bei der Vorwärtsrechnung führt die Aufstellung der GuV nach dem Gesamt- oder Umsatzkostenverfahren zu Unterschieden hinsichtlich der verwendeten GuV Positionen. Die Rückwärtsrechnung wird dagegen durch das verwendete Aufstellungsverfahren nicht beeinflusst.

Vorwärtsrechnung

Gesamtkostenverfahren	Umsatzkostenverfahren
Umsatzerlöse	Umsatzerlöse
+/- Bestandsveränderungen an fertigen und unfertigen Erzeugnissen	./. Herstellungskosten
+ andere aktivierte Eigenleistungen	./. Vertriebskosten
+ sonstige betriebliche Erträge	./. allgemeine Verwaltungskosten
./. Materialaufwand	+ sonstige betriebliche Erträge
./. Personalaufwand	./. sonstige betriebliche Aufwendungen
./. sonstige betriebliche Aufwendungen	
./. Abschreibungen	
= EBIT	= EBIT

Rückwärtsrechnung

Jahresüberschuss / Jahresfehlbetrag
+ Steuern vom Einkommen und Ertrag
+ Zinsaufwand
./. Zinserträge
= EBIT

Vergleicht man Vorwärts- und Rückwärtsrechnung mit dem Gliederungsschema des § 275 Abs. 2 u. 3 HGB stellt man fest, dass zwischen beiden Rechnungen eine Reihe von Bilanzpositionen liegen, die bei den Berechnungen nach obigen Schema nicht erfasst werden, z. B. das a. o. Ergebnis. Hierbei handelt es sich um eine Grauzone, die in Literatur und Praxis teilweise unterschiedlich behandelt wird.

Die Kennzahl EBIT kommt aus dem angelsächsischen Raum und ist international sehr verbreitet. Sie wird daher auch oft auf Basis von IFRS-Abschlüssen berechnet. Da im IFRS-Abschluss keine außerordentlichen Aufwendungen und Erträge ausgewiesen werden dürfen, findet eine Berücksichtigung automatisch über die Erfassung der sonstigen Aufwendungen und Erträge statt. Auch in der HGB-Rechnungslegung sollten die außerordentlichen Aufwendungen und Erträge daher bei der Berechnung des EBIT berücksichtigt werden. So wird eine bessere internationale Vergleichbarkeit erreicht. Außerdem hat das a. o. Ergebnis nun mal Auswirkungen auf den Gewinn vor Zinsen und Steuern.

Das „I" von EBIT steht für Interests, also Zinsen. Somit sind nur Zinsaufwendungen und -erträge zu eliminieren, nicht aber die anderen Positionen des Finanzergebnisses, wie z. B. Erträge aus Beteiligungen, Aufwendungen aus Ergebnisabführung etc. Die Eliminierung der Zinsaufwendungen und -erträge dient dazu, die Ertragskraft eines Unternehmens ohne verzerrende Einflüsse der Kapitalstruktur darzustellen. So hat ein stark Fremdkapital finanziertes Unternehmen aufgrund des hohen Zinsaufwands in der Regel einen niedrigeren Jahresüberschuss als ein stark Eigenkapital finanziertes Unternehmen.

Das „T" in EBIT, steht für Taxes, Steuern. Hiermit sind die Steuern vom Einkommen und Ertrag gemeint. Durch die Eliminierung soll ein Unternehmensvergleich zwischen Unternehmen in unterschiedlichen Ländern erleichtert werden. Die sonstigen Steuern sollten dagegen im EBIT berücksichtigt werden. Hierzu werden sie in die sonstigen betrieblichen Erträge umgegliedert.

Da Zeit in der Vorbereitungsphase der Teil C Prüfung kostbar ist, sollte das EBIT auf Basis der Rückwärtsrechnung ermittelt werden. Hierzu sind in der Regel nur zwei oder drei Rechenschritte notwendig. Es ist aber darauf zu achten, dass im Eifer des Gefechts die Vorzeichen nicht verwechselt werden (Zinsaufwendungen werden addiert, Zinserträge subtrahiert).

Das EBITDA steht für „Earnings before Interests, Taxes, Depreciation and Amortization", also für Ergebnis vor Zinsen, Steuern, Abschreibungen auf Sachanlagevermögen und Abschreibungen auf immaterielle Vermögensgegenstände. Es berechnet sich wie folgt:

EBIT
+ Abschreibungen
= EBITDA

Durch die Eliminierung der Abschreibungen sollen die Auswirkungen bilanzpolitischer Gestaltungsspielräume, die bei der Wahl der Abschreibungsmethode stehen, eingeschränkt werden. Eine Schwierigkeit besteht bei der Berechnung des EBITDA, wenn die GuV nach dem Umsatzkostenverfahren aufgestellt wurde. Hier sind die Abschreibungen nicht direkt aus der GuV ersichtlich und müssen dem Anlagespiegel entnommen werden.

Obwohl EBIT und EBITDA häufig für externe Berichtszwecke verwendet werden, sind sie kein Bestandteil einer Rechnungslegungsvorschrift. Eine Legaldefinition existiert nicht. Man spricht dabei auch von sog. Pro-Forma-Kennzahlen. Von daher können einzelne Unternehmen unterschiedliche, betriebsindividuelle Berechnungsweisen verwenden. So weist z. B. die Deutsche Telekom in ihrem Halbjahresabschluss 2010 darauf hin, dass eine Vergleichbarkeit mit anderen Unternehmen nur bedingt möglich ist: „Da andere Unternehmen die von der Dt. Telekom dargestellten Pro-Forma-Kennzahlen möglicherweise nicht auf die gleiche Weise berechnen, sind die Pro-Forma-Kennzahlen der Dt. Telekom nur eingeschränkt mit ähnlichen Angaben anderer Unternehmen vergleichbar."[3]

---

[3]   Deutsche Telekom AG, Halbjahresbericht 2010, S. 68

Ursächlich für die fehlende Vergleichbarkeit sind vor allem „Bereinigungen", die Unternehmen vornehmen, um eine bessere Darstellung des operativen Geschäfts zu erreichen. So veröffentlicht die Dt. Telekom z. B. ihr EBITDA bereinigt um Sondereinflüsse. Wiederum aus dem Halbjahresabschluss 2010 ist hierzu zu entnehmen: „Der Grundgedanke besteht in der Herausrechnung von Sondereinflüssen, die die operative Tätigkeit überlagern und somit die Vergleichbarkeit des EBITDA (…) mit den Vorjahren beeinträchtigen".

Die Auswahl und Festlegung dieser Sondereinflüsse liegt dabei ausschließlich im Ermessen des Unternehmens und ist für externe Bilanzleser kaum nachvollziehbar. Hierdurch entstehen große bilanzpolitische Gestaltungsspielräume. So könnte z. B. die Aufwendungen für eine Großreparatur eliminiert werden, da hierdurch ja die Vergleichbarkeit mit dem Vorjahr eingeschränkt ist. Aber auch Reparaturen sind Bestandteil des operativen Geschäfts, die Eliminierung wäre somit Schönfärberei.

3.3.3 Erfolgsspaltung der GuV

Die Erfolgsspaltung der GuV dient dazu, die einzelnen Ergebniskomponenten, vor allem das ordentliche Betriebsergebnis, übersichtlicher darzustellen. Hierzu wird die HGB GuV in die folgenden Teilergebnisse aufgeteilt:

- Ordentliches Betriebsergebnis (auch operatives Ergebnis)

- Finanzergebnis

- a. o. Ergebnis

Die Steuern vom Einkommen und vom Ertrag werden in der Regel als separater Posten dargestellt. Sie können aber auch auf die einzelnen Teilergebnisse aufgeteilt werden, etwa mittels Dreisatzrechnung. Die sonstigen Steuern (Grundsteuer, Kfz-Steuer etc.) werden dagegen in der Regel dem ordentlichen Betriebsergebnis zugeordnet.

Das ordentliche Betriebsergebnis und das Finanzergebnis bilden zusammen das Ergebnis der gewöhnlichen Geschäftstätigkeit. Anhand der aufgespaltenen GuV lässt sich gut erkennen, womit ein Unternehmen sein Geld verdient. Idealerweise sollte ein Großteil der erzielten Überschüsse aus dem ordentlichen Betriebsergebnis stammen. Kritisch wird es, wenn der Unternehmenserfolg überwiegend aus dem a. o. Ergebnis stammt, da dieses eher einen Einmal-Charakter hat und nicht nachhaltig ist. Gleiches gilt für positive Erfolgsbeiträge aus der Position „Steuern vom Einkommen und vom Ertrag", etwa aufgrund von Steuererstattungen oder aktivierten latenten Steuern. Auch hier fehlt es an der Nachhaltigkeit des Ergebnisses. Nachfolgend ein Beispiel zur Erfolgsspaltung einer HGB GuV.

Beispiel:

Die GuV der X-AG für das Geschäftsjahr 20x1 sieht wie folgt aus:

Gewinn- und Verlustrechnung der X-AG 1.1.20x1 bis 31.12.20x1 (in TEUR)	20x1
1. Umsatzerlöse	1.288.694
2. Sonstige betriebliche Erträge	139.016
3. Materialaufwand	-747.216
4. Personalaufwand	-278.040
5. Abschreibungen	-22.172
6. Sonstige betriebliche Aufwendungen	-270.186
7. Erträge aus Beteiligungen	63.216
8. Erträge aus Gewinnabführungsverträgen	51.868
9. Erträge aus anderen Wertpapieren und Ausleihungen des Finanzanlagevermögens	3.016
10. Sonstige Zinsen und ähnliche Erträge	73.768
11. Abschreibungen auf Finanzanlagen	-552
12. Aufwendungen aus Verlustübernahme	-15.526
13. Zinsen und ähnliche Aufwendungen	-205.244
14. Ergebnis der gewöhnlichen Geschäftstätigkeit	80.642
15. außerordentliche Erträge	1.720
16. Steuern vom Einkommen und vom Ertrag	-24.503
17. Sonstige Steuern	-284
18. Jahresüberschuss	57.575

Im Rahmen der Erfolgsspaltung wird die GuV in die drei Teilergebnisse „ordentliches Betriebsergebnis", „Finanzergebnis" und „a. o. Ergebnis" unterteilt:

Umsatzerlöse	1.288.694
+ Sonstige betriebliche Erträge	139.016
./. Materialaufwand	-747.216
./. Personalaufwand	-278.040
./. Abschreibungen	-22.172
./. Sonstige betriebliche Aufwendungen	-270.186
./. Sonstige Steuern	-284
= ordentliches Betriebsergebnis	109.812

Erträge aus Beteiligungen	63.216
+ Erträge aus Gewinnabführungsverträgen	51.868
+ Erträge aus anderen Wertpapieren und Aus-leihungen des Finanzanlagevermögens	3.016
+ Sonstige Zinsen und ähnliche Erträge	73.768
./. Abschreibungen auf Finanzanlagen	-552
./. Aufwendungen aus Verlustübernahme	-15.526
./. Zinsen und ähnliche Aufwendungen	-205.244
= Finanzergebnis	-29.454

außerordentliche Erträge = a. o. Ergebnis	1.720

Steuern vom Einkommen und vom Ertrag	-24.503

Wie zu sehen, basiert der Unternehmenserfolg der X-AG zum überwiegenden Teil auf dem ordentlichen Betriebsergebnis. Dies ist sehr positiv zu werten. Das negative Finanzergebnis beruht vor allem auf den hohen Zinsaufwendungen. Dies ist eine Folge der gewählten Kapitalstruktur. Zur weiteren Interpretation würde man nun die Bilanz der X-AG benötigen.

Zu beachten ist, dass die Einteilung der einzelnen GuV-Positionen in die Teilergebnisse nicht immer starr vorgenommen werden kann. Vielmehr ist auf die Branche des Unternehmens zu achten. So macht es z. B. bei einer Holdinggesellschaft Sinn, Beteiligungserträge (und –aufwendungen), Erträge (Aufwendungen) aus Gewinnabführungsverträgen und ähnliche Positionen im ordentlichen Betriebsergebnis statt im Finanzergebnis zu erfassen.

Die Erfolgsspaltung einer IFRS GuV gestaltet sich schwieriger als bei einer HGB GuV. Dies liegt u.a. an dem geringen Mindestgliederungsschema, welches die IFRS vorgeben. So muss eine IFRS GuV gemäß IAS 1.82 mindestens die folgenden Angaben enthalten:

- Umsatzerlöse

- Finanzierungsaufwendungen

- Gewinn- und Verlustanteile aus der Equity Bewertung

- Steueraufwendungen

- Nachsteuerergebnis aus aufgegebenen Geschäftsbereichen

- Gewinn oder Verlust

Dieses Gliederungsschema ist nicht abschließend. Es kann vielmehr unternehmensindividuell erweitert werden, wenn dadurch die Darstellung der Ertragslage verbessert wird. Dies führt dazu, dass IFRS GuVs verschiedener Unternehmen zum Teil deutlich voneinander abweichende GuV-Positionen ausweisen, was einen direkten Unternehmensvergleich erschwert. Deutsche IFRS Bilanzierer weisen ihre GuV häufig analog zu den Vorschriften des Handelsgesetzbuches aus. Es bestehen jedoch zwei wesentliche Unterschiede:

- In der IFRS GuV dürfen keine a. o. Aufwendungen und Erträge ausgewiesen werden (vgl. IAS 1.87). Diese sind somit Bestandteil des Ergebnisses aus laufender Geschäftstätigkeit.

- In der IFRS GuV muss, so weit vorhanden, das Ergebnis aus aufgegebenen Geschäftsbereichen separat auf Nachsteuerbasis angegeben werden. Dieses Ergebnis wird mittels einer eigenen GuV für den aufgegebenen Geschäftsbereich ermittelt. Beispiel: Alle Umsätze, welche in der Berichtsperiode von einem aufgegebenen Geschäftsbereich erzielt wurden, werden nicht als Umsatzerlöse in der GuV ausgewiesen. Sie fließen vielmehr in die Berechnung des Nachsteuerergebnisses aus aufgegebenen Geschäftsbereichen ein.

Für die IFRS Bilanz bietet sich zunächst eine Erfolgsspaltung in die folgenden Teilergebnisse an:

- Ergebnis aus laufender Geschäftstätigkeit vor Ertragssteuern

- Steuern vom Einkommen und vom Ertrag

- Ergebnis nach Steuer auf aufgegebene Geschäftsbereiche

Soweit im Einzelfall möglich, kann das Ergebnis aus laufender Geschäftstätigkeit noch die Positionen „operatives Ergebnis" und „Finanzergebnis" aufgeteilt werden. Das folgende Beispiel verdeutlicht die Schwierigkeiten, die bei der Erfolgsspaltung einer IFRS GuV bestehen.

Gewinn- und Verlustrechnung der Y-AG 1.1.20x1 bis 31.12.20x1 (in TEUR)	20x1
1. Umsatzerlöse	11.856
2. Lizenzerträge	494
3. Gesamtleistung	12.350
4. Herstellungskosten	-3.115
5. Bruttoergebnis	9.235
6. Marketing- und Vertriebskosten	-3.382
7. Verwaltungskosten	-778
8. Sonstige betriebliche Aufwendungen und Erträge	-595
9. Forschungs- und Entwicklungskosten	-1.798
10. Planmäßige Abschreibungen	-974
11. Beteiligungsergebnis	1
12. Operatives Ergebnis	1.709
13. Sondermaßnahmen	-1.357
14. Ergebnis vor Zinsen und Steuern (EBIT)	352
15. Finanzergebnis	- 545
16. Ergebnis vor Steuern	-193
17. Ertragssteuern	40
18. Ergebnis nach Steuern fortzuführende Geschäftsbereiche	-153
19. Ergebnis nach Steuern aufgegebene Geschäftsbereiche	6.314
20. Ergebnis nach Steuern	6.161

Auf den ersten Blick ähnelt die GuV einer nach dem UKV aufgestellten HGB GuV. Bei näherer Betrachtung fällt aber auf, dass die Postenbezeichnung etwas abweichend ist. So werden z. B. Forschungs- und Entwicklungskosten als separate Aufwandsposition gezeigt. Des Weiteren werden die sonstigen betrieblichen Aufwendungen und Erträge saldiert ausgewiesen. Das Beteiligungsergebnis ist in dieser GuV Bestandteil des betrieblichen Ergebnisses und kein Bestandteil des Finanzergebnisses. Interessant ist auch die Position „Sondermaßnahmen", die zwischen dem operativen Ergebnis und Finanzergebnis steht. Eine Erfolgsspaltung wie sie im HGB vorgenommen wird, ist hier schwierig durchzuführen.

Wie oben angesprochen, sollte zunächst eine Aufspaltung in das Ergebnis aus laufender Geschäftstätigkeit und dem Ergebnis aus aufgegebenen Geschäftsbereichen vorgenommen werden. Hierbei fällt auf, dass das komplette positive Gesamtergebnis auf dem Ergebnis aus aufgegebenen Geschäftsbereichen basiert. Das Ergebnis aus laufender Geschäftstätigkeit ist sogar leicht negativ. Hierauf sollte der Schwerpunkt bei der Interpretation der Erfolgsspaltung gelegt werden. Möchte man nun das Ergebnis aus laufender Geschäftstätigkeit weiter aufteilen, so ist vor allem die Position „Sondermaßnahmen" entscheidend. Hier muss man über Anhangsangaben feststellen, ob die Maßnahmen eher dem ordentlichen Betriebsergebnis oder dem Finanzergebnis zuzuordnen sind. Das im ordentlichen Betriebsergebnis enthaltene Beteiligungsergebnis kann man aufgrund des marginalen Werts ignorieren.

3.3.4   Die diversen „Spiegel" im Anhang und ihr Nutzen für die Bilanzanalyse

Im Anhang einer großen Kapitalgesellschaft finden sich in der Regel drei verschiedene „Spiegel"

- der Anlagespiegel

- der Rückstellungsspiegel

- der Verbindlichkeitenspiegel

Im Folgenden wird ein kurzer Überblick über Aufbau und Funktion der jeweiligen Spiegel gegeben und dessen Bedeutung für die Bilanzanalyse erläutert.

3.3.4.1   Der Anlagespiegel

Obwohl die alte Bezeichnung Anlagespiegel immer noch verwendet wird, sollte man dennoch wissen dass die aktuelle, im HGB verwendete Bezeichnung „Anlagengitter" lautet. Dieser Begriff taucht zwar nicht in der relevanten Vorschrift, also § 268 Abs. 2 HGB auf, wohl aber in dem darauf Bezug nehmenden § 274a Nr. 1 HGB. Der Mindestinhalt des Anlagengitters ist in § 268 Abs. 2 HGB vorgegeben. Ein Anlagengitter ist in der Regel wie folgt aufgebaut:

	Anschaffungs-/Herstellungskosten					Abschreibungen					Buch-wert
In Mio. EUR	01.01.	Zu-gänge	Um buchungen	Ab-gänge	31.12.	01.01	Abschrei-bungen	Um-buchungen	Ab-gänge	31.12	31.12
Immaterielle Vermögens-gegenstände											
Sachanlagen											
Finanzanlagen											
Anlagevermögen											

Zunächst werden die historischen Anschaffungs- und Herstellungskosten dargestellt. Anschließend werden die Abschreibungen aufgegliedert. Obwohl in der Praxis häufig die historischen Abschreibungen und die Abschreibungen der laufenden Periode dargestellt werden, kann der Ausweis auch in Form einer kumulierten Summe erfolgen. Kumulierte Anschaffungs-und Herstellungskosten zum 31.12. eines Jahres (bzw. zum Bilanzstichtag) abzüglich kumulierte Abschreibungen zum 31.12. ergeben den Buchwert zum 31.12.

Aus dem Anlagenspiegel lassen sich einige für die Bilanzanalyse nützliche Informationen gewinnen. So stellt die Summe der Zugänge der Anschaffungs- und Herstellungskosten die in einem Jahr getätigten Investitionen ins Anlagevermögen dar. Wurde die GuV nach dem Umsatzkostenverfahren aufgestellt, lässt sich aus dem Anlagespiegel die Höhe der Abschreibungen des Geschäftsjahrs entnehmen. Dies ist u. a. von Nöten, wenn man das EBITDA berechnen möchte. Aus einem Vergleich von historischen Anschaffungskosten und aktuellem Buchwert lassen sich auch Rückschlüsse auf das Alter des Anlagevermögens schließen. Je größer hier die Differenz ist, desto mehr neigen vor allem die technischen Anlagen und Maschinen dem Ende ihrer wirtschaftlichen Nutzungsdauer entgegen. Auch die Umbuchungsspalte kann interessante Aufschlüsse liefern. Die häufigste Art der Um-gliederung findet innerhalb des Anlagevermögens von der Position „Anlagen im Bau" in die Position „Technische Anlagen und Maschinen" statt. Teilweise finden aber auch Um-gliederungen vom Anlage- ins Umlaufvermögen statt, etwa wenn Anlagevermögen ver-kauft werden soll (und somit dem Unternehmen nicht mehr langfristig zur Verfügung steht). Hieraus lassen sich ungewöhnlich hohe Werte im Umlaufvermögen, vor allem bei der Position „Sonstige Vermögensgegenstände" erklären (soweit nicht sowieso aus dem Anhang ersichtlich).

3.3.4.2   Der Rückstellungsspiegel

Im Gegensatz zum Anlagenspiegel ist der Rückstellungsspiegel nicht gesetzlich vorgeschrieben. Er wird lediglich in der BilMoG-Begründung empfohlen. Allerdings ergibt sich aus § 285 Nr. 12 HGB die Verpflichtung, die unter dem Sammelposten „Sonstige Rückstellungen" subsummierten Rückstellungen näher zu erläutern, sofern diese nicht unwesentlich sind. Dies erfolgt häufig mit Hilfe eines Rückstellungsspiegels. Dabei werden auch die Effekte aus der Ab- und Aufzinsung dargestellt. Da die Ansatzkriterien für Rückstellungen durch das BilMoG drastisch geändert wurden empfiehlt es sich, im Rückstellungsspiegel Rückstellungen nach HGB a. F. und nach BilMoG zu trennen. Diese Trennung hilft Bilanzlesern festzustellen, ob von den diversen Fortführungswahlrechten des § 67 EGHBG im Rahmen der BilMoG-Umstellung Gebrauch gemacht wurde. Ein Rückstellungspiegel ist nach folgendem Schema aufgebaut:

Rückstellung	01.01.	Zuführung	Davon Zinsanteil	Inanspruchnahme	Auflösung.	31.12.
Rückstellungen nach neuem Recht						
Rückstellung 1						
Rückstellung 2						
usw.						
Summe						
Rückstellungen nach altem Recht						
Rückstellung 1						
Rückstellung 2						
usw.						
Summe						

Bei einer Analyse der Aufwands- und Ertragslage eines Unternehmens können aus der Zuführungsspalte einige Informationen zu den sonstigen betrieblichen Aufwendungen gewonnen werden. Auflösungen von Rückstellungen führen in der GuV zu einem Ertrag. Bei extrem hohen Werten (z. B. Auflösung einer Rückstellung für Prozesskosten, nachdem das Urteil überraschend zu Gunsten des Bilanzierenden ausgegangen ist) ist es wichtig zu beachten, dass es sich hierbei um Einmaleffekte handelt.

3.3.4.3   Verbindlichkeitenspiegel

Der Verbindlichkeitenspiegel ist eine Darstellung der Verbindlichkeiten mit ihren Restlaufzeiten. Gem. § 268 Abs. 5 HGB ist der Betrag der Verbindlichkeiten mit einer Restlaufzeit von **bis zu einem Jahr** gesondert auszuweisen. § 285 Nr. 1 HGB fordert den Ausweis von Verbindlichkeiten mit einer Restlaufzeit von **mehr als fünf Jahren**. Hieraus ergibt sich folgendes Schema für einen Verbindlichkeitenspiegel:

	Mit einer Restlaufzeit von		
Gesamt	bis zu einem Jahr	einem bis fünf Jahren	von mehr als fünf Jahren
	TEUR	TEUR	TEUR	TEUR
Verbindlichkeiten gegenüber Kreditinstituten				
Verbindlichkeiten aus Lieferungen und Leistungen				
Verbindlichkeiten gegenüber verbundenen Unternehmen				
Sonstige Verbindlichkeiten				

Der Verbindlichkeitenspiegel dient in der Bilanzanalyse vor allem zur Berechnung des kurzfristigen Fremdkapitals (z. B. für die Berechnung der Liquiditätsgrade und des Working Capital).

3.3.5 Umschlagshäufigkeiten

3.3.5.1 Grundlagen

Bei den Kennzahlen der Umschlagshäufigkeit werden Stromgrößen der GuV ins Verhältnis zu korrespondierenden Bestandgrößen in der Bilanz gesetzt. Dividiert man ein Jahr durch die Umschlagshäufigkeit, so erhält man die Umschlagsdauer.

$$\text{Umschlagshäufigkeit} = \frac{\text{Stromgröße GuV}}{\varnothing \, \text{Bes} \tan \text{dsgröße aus Bilanz}}$$

$$\text{Umschlagsdauer} = \frac{365 \, \text{Tage}}{\text{Umschlagshäufigkeit}}$$

Umschlagshäufigkeit und -dauer sind sehr branchenspezifische Kennzahlen. So hat beispielsweise ein Immobilienunternehmen eine niedrigere Umschlagshäufigkeit des Gesamtvermögens als ein reines Dienstleistungsunternehmen.

Im Rahmenplan werden vier verschiedene Umschlagshäufigkeiten explizit genannt:

■ Umschlagshäufigkeit des Gesamtvermögens

■ Umschlagshäufigkeit des Sachanlagevermögens

- Umschlagshäufigkeit des Vorratsvermögens

- Umschlagshäufigkeit der Forderungen

Auch wenn nicht explizit genannt, sollte der Prüfungsteilnehmer bzw. die Prüfungsteilnehmerin noch die Umschlagshäufigkeit der Verbindlichkeiten berechnen können.

3.3.5.2   Umschlagshäufigkeit des Gesamtvermögens

Die Umschlagshäufigkeit des Gesamtvermögens (UH$_{GV}$) berechnet sich wie folgt:

$$UH_{GV} = \frac{Umsatz}{Gesamtvermögen}$$

Das durchschnittliche Gesamtvermögen berechnet sich als einfacher Durchschnitt aus Anfangs- und Endbestand:

$$\varnothing \, Gesamtvermögen = \frac{Anfangsbestand \, (31.12. \, Vorjahr) + Endbestand \, (31.12. \, Berichtsjahr)}{2}$$

Die Kennzahl zeigt an, wie oft das eingesetzte Kapital in einem Jahr über die Umsatzerlöse zurückgeflossen ist. Hieraus lassen sich Rückschlüsse auf die Kapitalbindung ziehen. Je höher die Umschlagshäufigkeit des Gesamtvermögens ist, desto kürzer ist die Umschlagsdauer und desto niedriger ist die Kapitalbindung. Die Umschlagshäufigkeit des Gesamtvermögens dient auch zur Berechnung des Return on Investment (siehe dort).

3.3.5.3   Umschlagshäufigkeit des Sachanlagevermögens

Für die Umschlagshäufigkeit des Sachanlagevermögens werden in der Literatur zwei verschieden Formeln verwendet, welche zwar beide sinnvoll sind, jedoch völlig unterschiedliche Aussagen ermöglichen. Die erste Formel zur Berechnung der Umschlagshäufigkeit des Sachanlagevermögens (UH$_{SAV}$) lautet:

$$UH_{SAV} = \frac{Umsatz}{\varnothing \, Bestand \, Sachanlagevermögen}$$

Diese Formel zeigt an, wie oft das langfristige Vermögen über die Umsatzerlöse zurückgeflossen ist. Formel und Aussage ähneln sehr der Umschlagshäufigkeit des Gesamtvermögens.

Die zweite gängige Formel zur Berechnung der Umschlagshäufigkeit des Sachanlagevermögens lautet:

$$UH_{SAV} = \frac{Abschreibungen \, auf \, Sachanlagevermögen}{\varnothing \, Bestand \, an \, Sachanlagevermögen}$$

Mit Hilfe dieser Formel lassen sich Aussgagen zur durchschnittlichen Restnutzungsdauer des Sachanlagevermögens treffen. Hierbei sind zwei Knackpunkte zu beachten. Zum einen beinhalten die in der GuV aufgeführten Abschreibungen auch Abschreibungen auf immaterielle Vermögensgegenstände des Anlagevermögens. Für die Berechnung der Umschlagshäufigkeit des Sachanlagevermögens sind aber ausschließlich die Abschreibungen auf Sachanlagevermögen zu berücksichtigen. Diese können dem Anlagespiegel entnommen werden. Zum anderen ist zu beachten, dass Grund und Boden nicht abgeschrieben wird. Dieses kann zu Verzerrungen der Aussage führen.

3.3.5.4 Umschlagshäufigkeit der Vorräte

Die Umschlagshäufigkeit der Vorräte (UH$_{\text{Vorräte}}$) gleicht in Aufbau und Aussage der Umschlagshäufigkeit des Gesamtvermögens. Sie berechnet sich wie folgt:

$$UH_{\text{Vorräte}} = \frac{\text{Umsatz}}{\varnothing \text{ Vorratsbestand}}$$

3.3.5.5 Umschlagshäufigkeit der Forderungen

Die Berechnung der Umschlagshäufigkeit der Forderungen (UH$_{\text{Ford.}}$) hält ein paar Stolpersteine bereit. Zunächst ist klarzustellen, dass es sich richtigerweise um die Umschlagshäufigkeit der Forderungen aus Lieferungen und Leistungen handelt. Diese stehen auch in einem direkten kausalen Zusammenhang mit den Umsatzerlösen, was z. B. bei den Forderungen gegenüber verbundenen Unternehmen nicht unbedingt der Fall ist. So könnten diese auch aus Darlehnsverhältnissen herrühren. Des Weiteren ist zu beachten, dass die Forderungen aus Lieferungen und Leistungen in der Bilanz brutto ausgewiesen werden, die Umsatzerlöse in der GuV jedoch netto. Hierdurch wird es erforderlich, die Umsatzerlöse mit dem relevanten Umsatzsteuersatz (zurzeit 19%) zu multiplizieren. Somit ergibt sich folgende Formel zur Berechnung

$$UH_{\text{Ford.}} = \frac{\text{Umsatz x 1,19}}{\varnothing \text{ Bestand Forderungen LuL}}$$

Durch die Kennzahl lassen sich Aussagen zur durchschnittlichen Dauer der Forderungen treffen. Hierzu ist es ratsam, direkt die Umschlagsdauer der Forderungen (UD$_{\text{Ford.}}$) zu berechnen.

$$UD_{\text{Ford.}} = \frac{365 \text{ Tage}}{\text{Umschlagshäufigkeit der Forderungen}}$$

Mit Hilfe der Umschlagsdauer der Forderungen lässt sich erkennen, wie lange die tatsächlich in Anspruch genommenen Zahlungsziele der Kunden im Durchschnitt sind.

Sehr häufig ist die Berechnung der Umschlagsdauer der Forderungen mit der Frage verbunden, welche Maßnahmen ein Unternehmen ergreifen kann, um die Umschlagsdauer zu senken. Hierzu drei Beispiele:

■ **Verbesserung des Mahnwesens:** Durch eine Optimierung des Mahnwesens lässt sich die Umschlagsdauer der Forderungen in Richtung des offiziellen Zahlungsziels senken, aber auch nicht weiter. Wurde den Kunden ein Zahlungsziel von 30 Tagen netto eingeräumt, kann erst nach Ablauf dieser Frist mit dem Mahnwesen begonnen werden. Die Maßnahme bietet sich vor allem dann an, wenn das tatsächliche durchschnittliche Zahlungsziel (die Umschlagsdauer) deutlich über dem offiziel vorgegebenen Zahlungsziel liegt.

■ **Factoring:** Die Forderungen werden hierbei vor Fälligkeit verkauft. Hierdurch verkürzt sich die Zahlungsdauer. Die durchschnittliche Forderungsdauer lässt sich so auch unter das offizielle Zahlungsziel senken. Allerdings werden die Forderungen nur mit Abschlägen weiterverkauft werden können, so dass diese Methode u.U. sehr teuer sein kann.

■ **Skonti:** Durch die Gewährung von Skonti werden Kunden zur raschen Bezahlung der Forderungen animiert. Für das Unternehmen stellen Skonti aber eine sehr teure Art der Zahlungszielverkürzung dar.

Merke: Die Verbesserung der Umschlagsdauer der Forderungen geht in der Regel zu Lasten des Ertrags. Außerdem ist die Durchsetzung der Maßnahmen von der Marktmacht des Unternehmens abhängig.

3.3.5.6   Umschlagshäufigkeit der Verbindlichkeiten

Analog zur Umschlagshäufigkeit der Forderungen bezieht sich die Umschlagshäufigkeit der Verbindlichkeiten (UHVerb.) ausschließlich auf die Verbindlichkeiten aus Lieferungen und Leistungen. Diese werden zum Materialaufwand (nicht zum Umsatz!) ins Verhältnis gesetzt. Hierbei ist darauf zu achten, dass der Materialaufwand als Nettogröße in der GuV steht, während die Verbindlichkeiten aus Lieferungen und Leistungen brutto angegeben werden. Dem Materialaufwand ist daher die Umsatzsteuer hinzuzurechnen. Des Weiteren ist darauf zu achten, dass der Materialaufwand nicht auch aus anderen Bilanzgrößen resultiert, beispielsweise den Rückstellungen für ausstehende Rechnungen. Es ergibt sich folgende Berechnung:

$$UH_{Verb.} = \frac{\text{Materialaufwand x 1,19}}{\varnothing \text{ Bestand Verbindlichkeiten LuL}}$$

Die Umschlagshäufigkeit der Verbindlichkeiten wird ausschließlich auf Basis des Materialaufwands berechnet. Wurde die GuV nach dem Umsatzkostenverfahren aufgestellt, ist der Materialaufwand aber nicht direkt ersichtlich. In diesem Falle besteht aber gem. § 285 Nr. 8 HGB die Pflicht, die Höhe des Materialaufwands im Anhang anzugeben. Keinesfalls darf die Umschlagshäufigkeit der Verbindlichkeiten auf Basis der Umsatzkosten oder anderer Kostenarten im UKV berechnet werden, da hier neben Material- auch Personalaufwendungen und Abschreibungen enthalten sind. Diese stehen in keiner Beziehung zu den Verbindlichkeiten aus Lieferungen und Leistungen.

Anschließend lässt sich wiederum die Umschlagsdauer der Verbindlichkeiten (UDVerb.) berechnen:

$$UD_{Verb.} = \frac{365 \text{ Tage}}{\text{Umschlagshäufigkeit der Verbindlichkeiten}}$$

Die Umschlagsdauer der Verbindlichkeiten zeigt an, wie lange das in Anspruch genommene durchschnittliche Zahlungsziel des Unternehmens ist. Aus Cashflow Gesichtspunkten gilt hierbei das Motto „Je länger, desto besser". Allerdings führt eine lange Umschlagsdauer u. U. zu einer Bilanzverlängerung, was sich auf diverse Kennzahlen auswirkt.

Interessant ist vor allem ein Vergleich zwischen der Umschlagsdauer der Verbindlichkeiten und der Umschlagsdauer der Forderungen.

Beispiel:

$UD_{Ford.} = 32$ Tage

$UD_{Verb.} = 95$ Tage

Hier wird das Unternehmen von seinen Kunden nach durchschnittlich 32 Tagen bezahlt. Gleichzeit zahlt es seine Lieferanten erst nach 95 Tagen. Im Idealfall kann dass Unternehmen seine Verbindlichkeiten aus Lieferungen und Leistungen vollständig aus den Erträgen des Verkaufs der bezogenen Güter bezahlen. Kauft das Unternehmen z. B. Fertigprodukte ein und verkauft sie nach 20 Tagen, erhält das Unternehmen sein Geld nach 52 Tagen (20 Tage bis zum Verkauf + 32 Tage Zahlungsziel). Es kann nun seine Lieferanten vollständig aus dem Cashflow des Verkaufs bezahlen, d.h. es muss selbst kein Kapital investieren/binden. Vor allem Discount-Supermärkte arbeiten nach diesem Prinzip.

3.3.6   Return on Investment (ROI) und Return on Capital Employed (ROCE)

Im Rahmenplan für die Bilanzbuchhalterprüfung werden die beiden Kennzahlen ROI und ROCE explizit genannt. Leider werden sie nicht näher definiert, was insbesondere bei diesen beiden Kennzahlen äußerst problematisch ist. Für beide Kennzahlen existiert eine Vielzahl an Formeln zur Berechnung, welche sich teilweise erheblich voneinander unterscheiden. Dies fängt schon mit dem Zähler der Kennzahlen an: Gewinn, Gewinn abzüglich Zinsen, EBIT werden hier genannt. Prüfungsteilnehmer bzw. -teilnehmerinnen sollten sich über diese Problematik im Klaren sein und „ihre" Kennzahlen wenn nötig auch gegenüber dem Prüfungsausschuss verteidigen.

Exkurs: Richtig oder Falsch in der Bilanzanalyse
Immer wieder steht man vor dem Problem, dass Kennzahlen unterschiedlich definiert werden. Mangels gesetzlicher Legaldefinition gibt es hierbei leider kein „richtig" oder „falsch". Diese Erkenntnis hat sich leider noch nicht bei allen Mitgliedern der Prüfungsaus-

schüsse durchgesetzt, die dazu neigen, ihre Kennzahlendefinition als die einzig richtige anzusehen. Hier ist es wichtig, die in der Prüfungsvorbereitung erlernte Kennzahl nicht nur einfach auswendig gelernt zu haben, sondern sie auch zu verstehen. Nur so kann man, wenn nötig, seine Kennzahl auch „verteidigen".

3.3.6.1   ROI – Return on Investment

Der „Return on Investment" zeigt an, wie erfolgreich mit dem eingesetzten Kapital gewirtschaftet wurde. Er wird deshalb teilweise mit der Gesamtkapitalrentabilität gleichgesetzt. Dies wird ihm aber nur teilweise gerecht. Das entscheidende am ROI ist, dass er als Kombination aus Umsatzrentabilität und Umschlagshäufigkeit des Gesamtkapitals dargestellt wird. Er wird wie folgt berechnet:

$$ROI = \frac{Gewinn}{Umsatz} \; x \; \frac{Umsatz}{Gesamtkapital} \; x \; 100$$

Anstelle des Gewinns wird teilweise auch der Gewinn vor Zinsen und Steuern verwendet. Leider ist die Bezeichnung „Gewinn" sehr ungenau und von geringer Aussagekraft. Besser ist es, hier von Jahresüberschuss oder EBIT zu sprechen. Unterm Strich entspricht der ROI damit zwar der Gesamtkapitalrentabilität, da sich der Umsatz aus der Formel rauskürzt, durch die getrennte Darstellung Umsatzrendite und Umschlagshäufigkeit des Gesamtkapitals lassen sich aber bessere Rückschlüsse auf die Ursachen der Rendite schließen. Nichts desto trotz führen die Berechnung des ROI und der Gesamtkapitalrentabilität in der Regel zum gleichen Ergebnis. Eine Art der Ermittlung der ROI ist das sog. DuPont-Schema:

Abbildung 3.3 DuPont-Schema zur Ermittlung des Return on Investment (ROI)

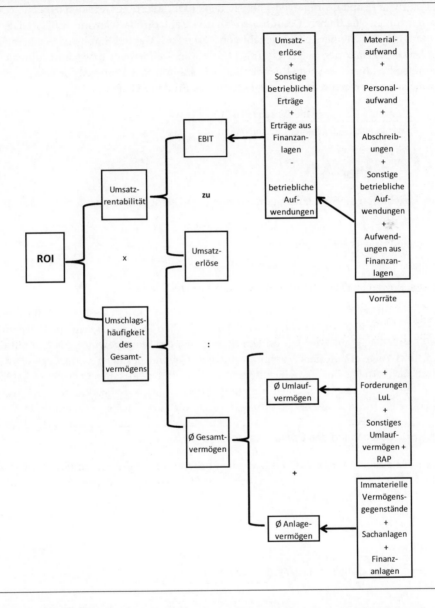

Wie zu sehen, wird beim DuPont-Schema allerdings nicht der Gewinn, sondern das EBIT zur Berechnung der Umsatzrentabilität und somit zur Berechnung des ROI verwendet. Dies entspricht auch dem klassischen Ansatz bei der Berechnung der Gesamtkapitalrendite, bei welchem der Jahresüberschuss vor Steuern zuzüglich den gezahlten Zinsen zum Gesamtkapital ins Verhältnis gesetzt wird.

3.3.6.2   ROCE – Return on Capital employed

Der „Return on Capital employed" ähnelt dem ROI. Allerdings existieren beim ROCE neben den unterschiedlichen Definitionen für die Zählergröße (Gewinn, EBIT, NOPAT) auch bezüglich des Nenners eine Vielzahl von Varianten. „Capital Employed" ist kein feststehender oder genau definierter Begriff. Der Prüfungsteilnehmer bzw. die Prüfungsteilnehmerin sollten hier die Formel verwenden, die sie in ihrem Vorbereitungslehrgang gelernt haben. Sehr verbreitet ist folgende Berechnung für den ROCE:

$$ROCE = \frac{\text{Gewinn vor Steuern und Zinsen (EBIT)}}{\text{Eigenkapital + langfristiges Fremdkapital}} \times 100$$

3.3.7   Saldieren

Bei der Erstellung einer Strukturbilanz werden verschiedene Positionen mit dem Eigenkapital saldiert, z. B.

- aktive und passive latente Steuern,
- Disagio,
- aktiver Unterschiedsbetrag aus der Vermögensverrechnung.

Wenig Beachtung wird häufig der Frage geschenkt, mit welchem Bestandteil des Eigenkapitals die Saldierung vorgenommen wird. Hierzu stehen zwei Positionen zur Verfügung: die Gewinnrücklagen und der Jahresüberschuss (bzw. der Bilanzgewinn). Hierbei gilt das Prinzip, dass Sachverhalte aus Vorjahren mit den Gewinnrücklagen verrechnet werden, während Sachverhalte der aktuellen Berichtsperiode mit dem Jahresüberschuss saldiert werden. Auch wenn die Unterscheidung auf den ersten Blick lediglich kosmetischer Natur ist, ist sie dennoch von größerer Bedeutung, wie die folgenden Beispiele zeigen.

Beispiel: Berechnung des Brutto Cashflow

Die A-GmbH aktiviert im Jahr 20x1 aktive latente Steuern auf Verlustvorträge in Höhe von 750 TEUR. Der Jahresüberschuss beträgt im Jahr 20x1 1.250 TEUR. Der Brutto Cashflow berechnet sich nach folgender Formel:

Jahresüberschuss

+ Abschreibungen

+ Erhöhung / - Verminderung der langfristigen Rückstellungen

= Brutto Cashflow

Die aktiven latenten Steuern werden bei der Aufstellung einer Strukturbilanz mit dem Eigenkapital saldiert. Hier ist wichtig, dass die Saldierung im Jahr 20x1 mit dem Jahresüberschuss vorgenommen wird. Folglich ist auch bei der Berechnung des Brutto Cashflow mit dem um die aktiven latenten Steuern geminderten Jahresüberschuss zu rechnen.

Im Jahr 20x2 werden weiterhin 750 TEUR aktive latente Steuern bilanziert. Hier haben die aktiven latenten Steuern den Jahresüberschuss nicht beeinflusst. Folglich ist eine Saldierung mit den Gewinnrücklagen vorzunehmen, um somit den Gewinn des Vorjahres zu korrigieren. Die Saldierung hat keine Auswirkungen auf den Brutto Cashflow des Jahres 20x2.

Das gleiche Prinzip findet z. B. auch auf die Aktivierung eines Disagios Anwendung. So ist der Jahresüberschuss bei Aktivierung eines Disagios in der laufenden Berichtsperiode beispielsweise bei der Berechnung der Eigen- oder Gesamtkapitalrentabilität zu korrigieren. Wurde das Disagio dagegen in früheren Perioden aktiviert, findet keine GuV-Korrektur statt.

3.4 Ausgesuchte Themen aus den zwei Handlungsbereichen

„Erstellen von Zwischen- und Jahresabschlüssen und des Lageberichts nach nationalem Recht"

„Erstellen von Abschlüssen nach internationalen Standards"

3.4.1 Einleitung

Gem. § 3 Abs. 5 BibuchhPrV soll das Prüfungsgespräch in der Teil C Prüfung auch die Fächer „Erstellen von Zwischen- und Jahresabschlüssen und des Lageberichts nach nationalem Recht" sowie „Erstellen von Abschlüssen nach internationalen Standards" umfassen. Prüfungsteilnehmer bzw. Prüfungsteilnehmerinnen sollten daher in der Vorbereitung auch diese Fächer rekapitulieren. Nachfolgend werden einige Themenbereiche aus beiden Fächern kurz skizziert. Es bietet sich an, die in den folgenden Ausführungen genannten Rechtsvorschriften im Selbststudium aufmerksam zu lesen.

3.4.2 Bestandteile des Jahresabschlusses

Angehende Bilanzbuchhalter(innen) sollten wissen, aus welchen Bestandteilen sich ein Jahresabschluss nach HGB- und IFRS-Vorschriften zusammensetzt. Die nachfolgende Tabelle zeigt die Pflichtbestandteile eines HGB-Jahresabschlusses auf.

Was	Wer	Rechtsquelle
Bilanz GuV	Alle Kaufleute, es sei denn der Befreiungstatbestand des § 241a HGB greift	§ 242 Abs. 3 HGB
Anhang	Kapitalgesellschaft	§ 264 Abs. 1 HGB
Kapitalflussrechnung Eigenkapitalspiegel	Kapitalmarktorientierte Kapitalgesellschaft, deren Abschluss nicht in einen befreienden Konzernabschluss mit einbezogen wird	§ 264 Abs. 1 Satz 2 HGB
Segmentberichterstattung (Wahlrecht!)	Kapitalmarktorientierte Kapitalgesellschaft, deren Abschluss nicht in einen befreienden Konzernabschluss mit einbezogen wird	§ 264 Abs. 1 Satz 2 HGB

Hinweis: Kapitalgesellschaften sind zwar gem. § 264 Abs. 1 HGB zur Aufstellung eines Lageberichtes verpflichtet, doch stellt dieser **keinen** Bestandteil des Jahresabschlusses dar.

Ein vollständiger IFRS-Abschluss besteht gem. IAS 1.10 aus folgenden Bestandteilen:

■ Bilanz

■ Gesamtergebnisrechnung

■ Eigenkapitalveränderungsrechnung

■ Kapitalflussrechnung

■ Anhang

■ Bilanz zu Beginn der frühesten Vergleichsperiode, wenn ein Unternehmen eine Rechnungslegungsmethode rückwirkend anwendet.

Eine Unterscheidung zwischen Personen- und Kapitalgesellschaften bezüglich der Bestandteile des Abschlusses gibt es im IFRS nicht. Kapitalmarktorientierte Einzelunternehmen (ohne Konzernabschluss) und kapitalmarktorientierte Konzerne haben ihren Abschluss gem. IFRS 8.2 um eine Segmentberichterstattung zu ergänzen. Die Erstellung eines Managementberichts zur Lage des Unternehmens, eines Umweltberichts und einer Wertschöpfungsrechnung ist möglich. Jedoch hat die Darstellung außerhalb des Jahresabschlusses zu erfolgen (vgl. IAS 1.13-14).

3.4.3   Inhalt von Bilanz und GuV

Prüfungsteilnehmer bzw. Prüfungsteilnehmerinnen sollten in der Lage sein, eine HGB-Bilanz (§ 266 HGB) zumindest bis zur Gliederungsebene der römischen Zahlen ohne Gesetzestext wiedergeben zu können.

Aktiva	Passiva
A. Anlagevermögen	A. Eigenkapital
I. Immaterielle Vermögensgegenstände	I. Gezeichnetes Kapital
II. Sachanlagen	II. Kapitalrücklage
III. Finanzanlagen	III. Gewinnrücklagen
	IV. Gewinnvortrag / Verlustvortrag
B. Umlaufvermögen	V. Jahresüberschuss / Jahresfehlbetrag
I. Vorräte	
II. Forderungen und sonstige Vermögensgegenstände	B. Rückstellungen
III. Wertpapiere	C. Verbindlichkeiten
IV. Kassenbestand, Bundesbankguthaben, Guthaben bei Kreditinstituten und Schecks	D. Rechnungsabgrenzungsposten
	E. Passive latente Steuern
C. Rechnungsabgrenzungsposten	
D. Aktive latente Steuern	
E. Aktiver Unterschiedsbetrag aus der Vermögensverrechnung	

Die Gliederung sollte auch bei der Erstellung einer Strukturbilanz, soweit dies durch Saldierungen und Umgliederungen möglich ist, beibehalten werden.

Im Bereich der GuV (§ 275 HGB) sollten insbesondere die Unterschiede zwischen dem Gesamt- und dem Umsatzkostenverfahren rekapituliert werden.

Gesamtkostenverfahren (§ 275 Abs. 2 HGB)	Umsatzkostenverfahren (§ 275 Abs. 3 HGB)
1. Umsatzerlöse	1. Umsatzerlöse
2. Erhöhung Verminderung des Bestands an fertigen und unfertigen Erzeugnissen	2. Herstellungskosten der zur Erzielung der Umsatzerlöse erbrachten Leistungen
3. Andere aktivierte Eigenleistungen	3. Bruttoergebnis vom Umsatz
4. Sonstige betriebliche Erträge	4. Vertriebskosten
5. Materialaufwand	5. Allgemeine Verwaltungskosten
6. Personalaufwand	6. Sonstige betriebliche Erträge
7. Abschreibungen	7. Sonstige betriebliche Aufwendungen
8. Sonstige betriebliche Aufwendungen	

9. / 8.	Erträge aus Beteiligungen
10. / 9.	Erträge aus anderen Wertpapieren und Ausleihungen des Finanzanlagevermögens
11. / 10.	Sonstige Zinsen und ähnliche Erträge
12. / 11.	Abschreibungen auf Finanzanalgen und auf Wertpapiere des Umlaufvermögens
13. / 12	Zinsen und ähnliche Aufwendungen
14. / 13.	Ergebnis der gewöhnlichen Geschäftstätigkeit
15. / 14.	Außerordentliche Erträge
16. / 15.	Außerordentliche Aufwendungen
17. / 16.	Außerordentliches Ergebnis
18. / 17.	Steuern vom Einkommen und vom Ertrag
19. / 18.	Sonstige Steuern
20. / 19.	Jahresüberschuss / Jahresfehlbetrag

Die Mindestinhalte einer IFRS-Bilanz sind in IAS 1.54 aufgeführt:

■ Sachanlagen,

■ als Finanzinvestitionen gehaltene Immobilien,

■ immaterielle Vermögenswerte,

■ finanzielle Vermögenswerte,

■ nach der Equity-Methode bilanzierte Finanzanlagen,

■ biologische Vermögenswerte,

■ Vorräte,

■ Forderungen aus Lieferungen und Leistungen und sonstige Forderungen,

- Zahlungsmittel und Zahlungsmitteläquivalente,

- die Summe der Vermögenswerte, die gemäß IFRS 5 als zur Veräußerung gehalten eingestuft werden,

- Verbindlichkeiten aus Lieferungen und Leistungen und sonstige Verbindlichkeiten,

- Rückstellungen,

- Steuerschulden und -erstattungsansprüche,

- latente Steueransprüche und -schulden,

- die Schulden, die den Veräußerungsgruppen zugeordnet sind, die gemäß IFRS 5 als zur Veräußerung gehalten eingestuft werden,

- nicht beherrschende Anteile, die im Eigenkapital dargestellt sind,

- gezeichnetes Kapital und Rücklagen.

Diese Mindestinhalte sind um zusätzliche Positionen zu ergänzen, wenn dies für die Darstellung der Vermögens-, Finanz- und Ertragslage des Unternehmens relevant erscheint. Sämtliche Informationen in der IFRS-Bilanz sind die folgenden Gliederungsgruppen einzuteilen

- Kurzfristige Vermögenswerte

- Langfristige Vermögenswerte

- Kurzfristige Schulden

- Langfristige Schulden

- Eigenkapital

Für die IFRS-Gesamtergebnisrechnung wird auf die Darstellung im Kapitel „Erfolgsspaltung der GuV" verwiesen, wobei die dort gemachten Ausführungen um das sonstige Ergebnis zu ergänzen sind (vgl. IAS 1.82ff.).

3.4.4   Zwischenberichterstattung

Wie eingangs erwähnt, lautet eines der möglichen Prüfungsfächer „Erstellen von **Zwischen-** und Jahresabschlüssen (…) nach nationalem Recht". Die Zwischenberichterstattung ist dabei im HGB nicht näher kodifiziert. Für kapitalmarktorientierte Unternehmen sind hierbei vielmehr die §§ 37w (Halbjahresfinanzbericht) und 37x (Zwischenmitteilung der Geschäftsführung) WpHG heranzuziehen. Der Halbjahresfinanzbericht besteht gem. § 37w Abs. 2 WpHG mindestens aus einem verkürzten Abschluss (bestehend aus verkürzter Bilanz, GuV, Anhang), einem Zwischenlagebericht und einer Entsprechenserklärung nach § 264 Abs. 2 Satz 3 und § 289 Abs. 1 Satz 5 HGB.

Eine Zwischenmitteilung der Geschäftsführung hat bei kapitalmarktorientieren Unternehmen für das erste und dritte Quartal eines Geschäftsjahres zu erfolgen, wenn kein Quartalsfinanzbericht aufgestellt (und veröffentlicht) wird. Die Zwischenmitteilung muss die Informationen enthalten, die zur Beurteilung der Finanzlage sowie zur der finanziellen und wirtschaftlichen Entwicklung im Berichtszeitraum notwendig sind.

Die IFRS-Zwischenberichtserstattung ist in IAS 34 näher bestimmt. Dabei nennt IAS 34.8 folgende Mindestinhalte für einen IFRS-Zwischenbericht:

- Verkürzte Bilanz

- Verkürzte Gesamtergebnisrechnung

- Verkürzte Eigenkapitalveränderungsrechnung

- Verkürzte Kapitalflussrechnung

- Ausgewählte erläuternde Anhangsangaben

3.4.5   IAS 2 Vorräte und IAS 16 Sachanlagen

Vor allem die bilanzielle Behandlung von Vorräten und Sachanlagen im IFRS-Abschluss ist häufig Gegenstand von Prüfungsgesprächen. Prüfungsteilnehmer(innen) sollten beide Standards lesen und beherrschen. Folgende Aspekte sind dabei besonders hervorzuheben:

- **Umfang der Anschaffungskosten** (IAS 2.11)
  Die Anschaffungskosten der Vorräte berechnen sich wie folgt:

  Einkaufspreis

  + direkt zurechenbare Kosten

  + Finanzierungsaufwendungen gem. IAS 23

  ./. Anschaffungspreisminderungen
  _____

  = Anschaffungskosten

- **Umfang der Herstellungskosten** (IAS 2.12)
  Die Herstellungskosten berechnen sich wie folgt:

  Material- und Fertigungseinzelkosten

  + produktionsbedingte Gemeinkosten

  + andere Kosten die notwendig sind, um die Produkte an den derzeitigen Ort
    und in den derzeitigen Zustand zu versetzen

  + Finanzierungsaufwendungen gem. IAS 23
  _____

  = Herstellungskosten

- **Zulässige Bewertungsvereinfachungsverfahren** (IAS 2.25)
  Im IFRS-Abschluss ist die Verwendung des FIFO-Verfahrens und der Durchschnittsmethode zulässig.

- **Komponentenansatz** (IAS 16.13-14, 43)
  Jeder Teil einer Sachanlage mit einem bedeutenden Anschaffungswert im Verhältnis zum Gesamtwert der Sachanlage ist gesondert zu erfassen. Dies gilt sowohl für die Erst- als auch für die Folgebewertung. Die Komponenten sind getrennt abzuschreiben.

- **Anschaffungskosten- und Neubewertungsmodell** (IAS 16.29ff)
  Im Rahmen der Folgebewertung können Sachanlagen entweder nach dem Anschaffungskosten- oder dem Neubewertungsmodell bilanziert werden. Beim Anschaffungskostenmodell erfolgt der Ansatz der Vermögenswerte zu den Anschaffungskosten abzüglich kumulierter Abschreibungen und kumulierter Wertminderungsaufwendungen. Beim Neubewertungsmodell erfolgt der Ansatz dagegen zum beizulegenden Zeitwert am Tage der Neubewertung abzüglich nachfolgender kumulierter Abschreibungen und nachfolgend erfolgter kumulierter Wertminderungen.

3.4.6 Segmentberichterstattung

Kapitalmarktorientierte Unternehmen können ihren Einzelabschluss (§264 HGB) bzw. ihren HGB-Konzernabschluss (§ 297 HGB) um eine Segmentberichterstattung ergänzen. Für die Segmentberichterstattung im Konzernabschluss gibt der DRS 3 detaillierte Hinweise zum Aufbau und zur konkreten Ausgestaltung. Für IFRS-Bilanzierer regelt IFRS 8 die Pflicht zur Aufstellung und den Inhalt Segmentberichterstattung. Grundsätzlich erfolgt in beiden Rechnungslegungssystemen im Rahmen der Segmentberichterstattung eine Offenlegung von finanziellen und nicht-finanziellen Informationen, differenziert nach verschiedenen Unternehmensteilen (Geschäftssegmenten).

Während die eigentliche Segmentberichterstattung im HGB-Abschluss auf freiwilliger Basis erfolgt, besteht gem. § 285 Nr. 4 HGB (bzw. § 314 Abs. 1 Nr. 3 HGB für den Konzernabschluss) die Pflicht, eine Aufgliederung der Umsatzerlöse nach Tätigkeitsbereichen (funktionale bzw. organisatorische Segmentierung) und nach geografisch bestimmten Märkten (geografische Segmentierung) im Anhang vorzunehmen.

3.4.7 Kapitalflussrechnung

3.4.7.1 Grundlagen

Die Kapitalflussrechnung soll den Bilanzleser über die Zu- und Abflüsse an liquiden Mitteln (Zahlungsströme bzw. Cashflows) innerhalb einer Berichtsperiode informieren und so eine Beurteilung der Fähigkeit des Unternehmens zur Erwirtschaftung liquider Mittel sowie des Liquiditätsbedarfs ermöglichen. Man unterscheidet zwischen zwei verschiedenen Arten der Kapitalflussrechnung: die Kapitalflussrechnung für Berichtszwecke und die Kapitalflussrechnung für bilanzanalytische Zwecke. Beide Arten unterscheiden sich hinsichtlich der ausgewiesenen Cashflows sowie hinsichtlich der anzuwendenden gesetzlichen Regelungen. Die nachfolgende Grafik verdeutlicht die Unterschiede zwischen den beiden Arten der Kapitalflussrechnung.

Abbildung 3.4   Übersicht über die verschiedenen Arten der Kapitalflussrechnung

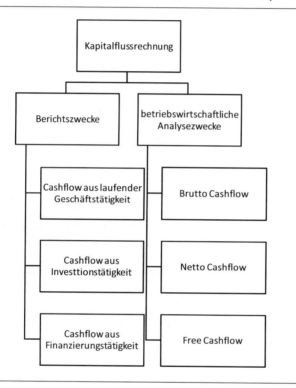

3.4.7.2   Kapitalflussrechnung für Berichtszwecke

Für kapitalmarktorientierte Unternehmen ohne befreienden Konzernabschluss ist die Kapitalflussrechnung gem. § 264 HGB ein Pflichtbestandteil des Jahresabschlusses. Nähere Bestimmungen bezüglich des Aufbaus einer Kapitalflussrechnung gibt es im HGB aber nicht. Hierzu wird in der Regel auf den für den Konzernabschluss geltenden DRS 2 zurückgegriffen. In der IFRS-Rechnungslegung wird die Kapitalflussrechnung in IAS 7 näher bestimmt. Sowohl im HGB als auch im IFRS-Abschluss werden die Zahlungsströme der Berichtsperiode drei verschiedenen Bereichen zugeordnet:

- Cashflow aus laufender Geschäftstätigkeit   ⎤
- Cashflow aus Investitionstätigkeit   ⎬   Gesamt Cashflow
- Cashflow aus Finanzierungstätigkeit   ⎦

Im Cashflow aus laufender Geschäftstätigkeit werden die wesentlichen erlöswirksamen Tätigkeiten des Unternehmens sowie andere Tätigkeiten, die nicht den Investitions- bzw. Finanzierungstätigkeiten zugeordnet werden, erfasst. Die Zu- bzw. Abflüsse aus dem Erwerb oder Verkauf langfristiger Vermögenswerte (inkl. Finanzanlagen) werden im Cashflow aus Investitionstätigkeit erfasst. Zum Cashflow aus Finanzierungstätigkeit werden die Tätigkeiten zugeordnet, die sich auf den Umfang und die Zusammensetzung des Eigenkapitals bzw. auf die Höhe des aufgenommenen Fremdkapitals auswirken (vgl. IAS 7.6).

Der Gesamt-Cashflow, also die Summe des Cashflows aus laufender Geschäfts-, Investitions- und Finanzierungstätigkeit, zeigt die Bestandsveränderung der liquiden Mittel in der Berichtsperiode an. Es gilt:

Liquide Mittel$_{1.1.}$ + Gesamt Cashflow$_{1.1.-31.12.}$ = Liquide Mittel$_{31.12.}$

Die Ermittlung des Cashflows aus laufender Geschäftstätigkeit kann entweder nach der direkten oder nach der indirekten Methode erfolgen. Bei der direkten Methode basiert die Darstellung direkt auf den tatsächlichen Zahlungsströmen, während bei der indirekten Methode das GuV-Ergebnis um alle nicht zahlungswirksamen Aufwendungen und Erträge bereinigt wird. Die nachfolgende Gegenüberstellung von direkter und indirekter Methode verdeutlicht den Unterschied.

Direkte Methode	Indirekte Methode
Einzahlungen von Kunden für den Verkauf von Erzeugnissen, Waren und Dienstleistungen	Jahresergebnis (einschließlich Ergebnisanteilen von Minderheitsgesellschaftern) vor außerordentlichen Posten
./. Auszahlungen an Lieferanten und Beschäftigte	+ / ./. Abschreibungen / Zuschreibungen auf Gegenstände des Anlagevermögens
+ Sonstige Einzahlungen, die nicht der Investitions- oder Finanzierungstätigkeit zuzuordnen sind	+ / ./. Zunahme / Abnahme der Rückstellungen
./. Sonstige Auszahlungen, die nicht der Investitions- oder Finanzierungstätigkeit zuzuordnen sind	+ / ./. Sonstige zahlungsunwirksame Aufwendungen / Erträge
+ / ./. Ein- und Auszahlungen aus außerordentlichen Posten	+ / ./. Gewinn / Verlust aus dem Abgang Gegenständen des Anlagevermögens
= Cashflow aus laufender Geschäftstätigkeit	+ / ./. Abnahme / Zunahme der Vorräte, der Forderungen aus Lieferungen und Leistungen sowie anderer Aktiva, die nicht der Investitions- oder Finanzierungstätigkeit zuzuordnen sind
	+ / ./. Zunahme / Abnahme der Verbindlichkeiten aus Lieferungen und Leistungen sowie anderer Passiva, die nicht der Investitions- oder Finanzierungstätigkeit zuzuordnen sind
	+ / ./. Ein- und Auszahlungen aus außerordentlichen Posten
	= Cashflow aus laufender Geschäftstätigkeit

Die Cashflows aus Investitions- und Finanzierungstätigkeit werden ausschließlich nach der direkten Methode ermittelt. Der Cashflow aus Investitionstätigkeit ermittelt sich wie folgt:

Einzahlungen aus Abgängen von Gegenständen des Sachanlagevermögens / immateriellen Anlagevermögens

./. Auszahlungen für Investitionen in das Sachanlagevermögens / immateriellen Anlagevermögen

+ Einzahlungen aus Abgängen von Gegenständen des Finanzanlagevermögen

./. Auszahlungen für Investitionen in das Finanzanlagevermögen

+ / ./. Einzahlungen / Auszahlungen aus dem Erwerb und dem Verkauf von konsolidierten Unternehmen und sonstigen Geschäftseinheiten

= **Cashflow aus Investitionstätigkeit**

Der Cashflow aus Finanzierungstätigkeit wird folgendermaßen berechnet::

Einzahlungen aus Eigenkapitalzuführungen

./. Auszahlungen an Unternehmenseigner und Minderheitengesellschafter (z.B. Dividenden)

+ Einzahlungen aus der Begebung von Anleihen und der Aufnahme von Krediten

./. Auszahlungen aus der Tilgung von Anleihen und (Finanz-)Krediten

= **Cashflow aus Finanzierungstätigkeit**

3.4.7.3   Kapitalflussrechnung für betriebswirtschaftliche Analysezwecke

Während die Kapitalflussrechnung für Berichtszwecke weitestgehend normiert ist (DRS 2, IAS 7), gibt es keine Vorschriften bezüglich der Ermittlung z. B. des Brutto Cashflows. Dies führt dazu, dass es eine Vielzahl von Berechnungsvarianten gibt. So wird in manchen Berechnungen der Brutto-Cashflow nach Zinsen und Steuern ausgewiesen und manchmal davor. Ein mögliches Berechnungsschema wurde vom Controller Zentrum St. Gallen aufgestellt. Es beginnt mit der GuV, erfasst dann die Änderungen der Bilanz und führt zur Ermittlung des Brutto-, Netto- und Free-Cashflows.

Abbildung 3.5   Schema zur Ermittlung von Brutto-, Netto- und Free-Cashflow[4]

Umsatzerlös				
Erlösschmälerungen				
Nettoerlös				
aktivierte Eigenleistungen				
Bestandszunahmen				
Bestandsabnahmen				
Gesamtleistung				
Materialaufwand				
Personalaufwand				
sonstige betriebliche Aufwendungen				
CFBIT / EBITDA	=	CFBIT (Cashflow before Interests and Taxes		
Abschreibungsaufwand	+	Zunahme langfristige Rück-stellungen		
EBIT	-	Abnahme langfristige Rück-stellungen		
Zinsergebnis	-	Zinsergebnis		
EBT	-	Steuern vom Einkommen und Ertrag		
Steuern vom Einkommen und Ertrag	=	(Brutto-) Cash Flow	=	(Brutto-) Cash Flow
Reingewinn	-	Zunahme von Forderungen	-	Dividendenauszahlungen
	+	Abnahme von Forderungen	=	Netto Cash Flow
	-	Zunahme von Vorräten		
	+	Abnahme von Vorräten		
	+	Zunahme von Kreditoren/ kurz-fristige Rückstellungen		
	-	Abnahme von Kreditoren/ kurz-fristige Rückstellungen		
	=	Cash Flow from Operations		

---

[4]   Controller Zentrum St. Gallen (HRSG):
http://www.czsg.com/   DATEIENcms/tools/CZSG_Übersicht_Gewinn-und_Cash-Flow-Grössen.xls; abgerufen am 8/06/2012

-	Investitionen ins Anlagevermögen			
+	Devestitionen vom Anlagevermögen			
=	Cash Flow after investing activities	=	Cash Flow after Investing Activities
+	Zunahme Bankkontokorrent	+	Zinsergebnis
-	Abnahme Bankkontokorrent	=	Free Cash Flow
-	Dividendenauszahlungen			
+	Aufnahme Fremd- & Eigenkapital			
-	Rückzahlung Fremd- & Eigenkapital			
=	Veränderung der flüssigen Mittel			

Hinweis: Auch wenn in dem Modell nicht vorgesehen, sollten die sonstigen betrieblichen Erträge der Gesamtleistung zugerechnet werden. Auch das a. o. Ergebnis sollte im EBITDA / CFBIT erfasst werden.

3.4.8 Ergebnis je Aktie

Das Ergebnis je Aktie (Earnings per Share) ist vor allem aus der internationalen Rechnungslegung bekannt. In der IFRS-Rechnungslegung ist die Ermittlung und Darstellung des Ergebnisses je Aktie in IAS 33 geregelt. Im einfachsten Fall wird das Ergebnis je Aktie ermittelt, in dem man das Jahresergebnis durch die Anzahl der ausgegebenen Aktien dividiert. Erfolgte in der Berichtsperiode eine Veränderung der Anzahl der Aktien, so ist auf Basis des gewichteten Durchschnitts der Zahl der Aktien zu rechnen (IAS 33.10). Man spricht hierbei vom unverwässerten Ergebnis je Aktie. Hiervon zu unterscheiden ist das verwässerte Ergebnis je Aktie. Eine Verwässerung tritt ein, wenn wandelbare Instrumente umgewandelt oder Optionen bzw. Optionsscheine ausgeübt werden.

Gemäß DRS 4.56 kann in bestimmten Situationen der Ausweis des Ergebnisses je Aktie auch im HGB-Konzernabschluss gefordert sein.

3.4.9 Währungsumrechnung

Durch das BilMoG hat das Thema Währungsumrechnung im HGB-Abschluss wesentlich an Bedeutung gewonnen. So beschäftigen sich mittlerweile drei Paragraphen mit diesem Sachverhalt:

- § 256a HGB Währungsumrechnung (für alle Kaufleute)

- § 308a HGB Umrechnung von auf fremde Währung lautenden Abschlüssen (für Konzernabschlüsse)

- § 340h HGB Währungsumrechnung (für Finanzinstitute)

Gemäß § 256a HGB hat die Währungsumrechnung zum Devisenkassamittelkurs am Bilanzstichtag zu erfolgen. Bei Vermögensgegenständen und Verbindlichkeiten mit einer Restlaufzeit von bis zu einem Jahr gelten gemäß § 256a HGB weder das Anschaffungs-kosten- noch das Realisations- bzw. Imparitätsprinzip. Das bedeutet, dass z. B. Vermögens-gegenstände bei einer entsprechenden Veränderung des Wechselkurses mit Werten über ihren Anschaffungskosten angesetzt werden müssen. Der sich hierdurch ergebene Ertrag ist erfolgswirksam unter den sonstigen betrieblichen Erträgen zu erfassen. Es kommt somit zu einem Ausweis nicht realisierter Gewinne. Verluste aus der Währungsumrechnung sind unter den sonstigen betrieblichen Aufwendungen zu erfassen. (vgl. § 277 Abs. 5 HGB).

In der IFRS-Rechnungslegung ist das Thema Währungsumrechnung ausführlich in IAS 21 geregelt. Zentral für die Währungsumrechnung nach IFRS ist das Konzept der funktionalen Währung. Unter funktionaler Währung versteht man dabei die Währung des primären Wirtschaftsumfelds, in welchem das Unternehmen tätig ist. Als primäres Wirtschafts-umfeld gilt dabei das Umfeld, in welchem das Unternehmen hauptsächlich Zahlungsmittel erwirtschaftet oder aufwendet. Jede andere Währung, außer der funktionalen Währung, gilt als Fremdwährung. Hiervon zu unterscheiden ist die Darstellungswährung, also die Währung, in welche der Abschluss aufgestellt und veröffentlicht wird. Unter Umständen sind mehrere Währungsumrechnungen vorzunehmen, von der Fremd- in die funktionale Währung und von der funktionalen Währung in die Darstellungswährung.

3.4.10 Konsolidierung

Ein Konzernabschluss dient dazu, verschiedene, rechtlich selbstständige Unternehmen für Abschluss- und Berichtszwecke zusammenzufassen. Da diese Unternehmensgruppe als Einheit dargestellt wird, müssen sämtliche Geschäftsvorfälle zwischen den einbezogenen Unternehmen bei der Aufstellung des Konzernabschlusses eliminiert werden. Dies ge-schieht mit Hilfe der Konsolidierung. Die Konsolidierung besteht aus verschiedenen Tätig-keiten, nämlich der

- Kapitalkonsolidierung,

- Zwischenergebniseliminierung,

- Schuldenkonsolidierung,

- Aufwands- und Ertragskonsolidierung,

- Steuerabgrenzung.

Je nach Beteiligungshöhe des Mutterunternehmens an den einbezogenen Unternehmen unterscheidet man zwischen verschiedenen Konsolidierungsarten:

■ Vollkonsoliderung (Tochterunternehmen)

■ Quotenkonsolidierung (Gemeinschaftsunternehmen)

■ Equity-Methode (assoziierte Unternehmen)

Ein weiterer Aspekt bei der Konsolidierung ist die Abgrenzung des Konsolidierungs-kreises. Unter Konsolidierungskreis versteht man die Festlegung, dass Unternehmen in den Konzernabschluss mit einbezogen werden müssen. In der IFRS Rechnungslegung be-schäftigt sich der neue IFRS 10 mit dieser Thematik. IFRS 10 beinhaltet ein neues Control Konzept, welches verschiedene Testschritte zur Bestimmung der einzubeziehenden Unter-nehmen vorgibt.

3.4.11   Recht

Dem Fach „Erstellen von Zwischen- und Jahresabschlüssen und des Lageberichts nach nationalem Recht" ist auch das Themengebiet „Recht" zugeordnet. Somit könnten auch Themen wie Rechtsfähigkeit natürlicher und juristischer Personen Gegenstand des Prüfungsgesprächs sein. Allerdings werden diese Randthemen nur äußerst selten auf-gegriffen. Was aber durchaus eine Rolle spielen kann, sind die verschiedenen Rechts-formen. Die nachfolgende Tabelle verdeutlicht nochmals die wesentlichen Unterschiede und Gemeinsamkeiten der wichtigsten Rechtsformen:

Tabelle 3.4   Übersicht über die wesentlichen Unterschiede und Gemeinsammkeiten der wichtigsten Rechtsformen[5]

Rechtsform	Kapital / Mindesteinzahlung	Gründerzahl	Haftung
Einzelunternehmen (Nicht-kaufleute / Kleingewerbe-treibende)	kein festes Kapital / keine Mindesteinlage vor-geschrieben	1	Unbeschränkt mit Ge-schäfts- und Privat-vermögen
Einzelkaufleute (Kaufmann)	kein festes Kapital / keine Mindesteinlage vor-geschrieben	1	Unbeschränkt mit Ge-schäfts- und Privat-vermögen

---

[5]   IHK Aachen (Hrsg):
http://www.aachen.ihk.de/linkableblob/1391060/.5./data/rechtsformen_uebersichtstabelle-data.pdf;jsessionid=01A734F3A3BB583B4CA2382E6733EF0B.repl20; abgerufen am 7.06.2012

Rechtsform	Kapital / Mindesteinzahlung	Gründerzahl	Haftung
GbR Gesellschaft bürgerlichen Rechts (Nichtkaufleute / Kleingewerbetreibende)	kein festes Kapital / keine Mindesteinlage vorgeschrieben	mindestens 2	Gesellschaft und Gesellschafter (auch mit Privatvermögen) für Gesellschaftsschulden, gesamtschuldnerische Haftung
OHG Offene Handelsgesellschaft (Kaufmann)	kein festes Kapital / keine Mindesteinlage vorgeschrieben	mindestens 2	Gesellschaft und Gesellschafter (auch mit Privatvermögen) für Gesellschaftsschulden, gesamtschuldnerische Haftung
KG Kommanditgesellschaft (Kaufmann)	kein festes Kapital / keine Mindesteinlage vorgeschrieben, jedoch Kommanditeinlagen für Kommanditisten (Höhe beliebig)	mindestens 2	Komplementäre (persönlich haftende Gesellschafter) unbeschränkt, Kommanditisten in Höhe der Einlage (Haftungsbeschränkung tritt in der Regel erst nach Eintragung im Handelsregister ein)
GmbH Gesellschaft mit beschränkter Haftung **UG Unternehmergesellschaft** (Kaufmann)	Mindeststammkapital: 25.000 Euro Mindesteinzahlung bei Gründung: grds. 12.500 Euro Ausnahme: Stammkapital ab 1 Euro bei einer GmbH in Form der Unternehmergesellschaft (haftungsbeschränkt)	mindestens 1	Nur mit Gesellschaftsvermögen (Haftungsbeschränkung tritt erst nach Eintragung in das Handelsregister ein), ggf. persönliche Haftung des Geschäftsführers
AG Aktiengesellschaft (Kaufmann)	Mindestgrundkapital: 50.000 Euro	mindestens 1	Nur mit Gesellschaftsvermögen (Haftungsbeschränkung tritt erst nach Eintragung in das Handelsregister ein), ggf. persönliche Haftung des Vorstandes

Rechtsform	Entscheidungs-befugnis / Vertretung	Formalitäten / Kosten	Ein-tragung in das HR	Vertrag / Formvor-schriften
Einzelunternehmen (Nichtkaufleute / Kleingewerbe-treibende)	Alleinentscheidung des Inhabers	Gewerbe-anmeldung / gering	Nein	
Einzelkaufleute (Kaufmann)	Alleinentscheidung des Inhabers, Be-stellung von Prokuristen möglich	Gewerbe-anmeldung und Anmeldung zur Eintragung in das Handelsregister / relativ gering	Ja	
GbR Gesellschaft bürger-lichen Rechts (Nicht-kaufleute / Klein-gewerbetreibende)	Gemeinsame Ge-schäftsführung und Vertretung durch alle Gesellschafter, sofern im Gesellschaftsver-trag nichts anderes geregelt ist.	Gewerbe-anmeldung / gering	Nein	Schriftlicher Ge-sellschaftsvertrag nicht zwingend erforderlich, aber zu empfehlen
OHG Offene Handels-gesellschaft (Kaufmann)	Einzelgeschäfts-führung und Einzel-vertretungsmacht jedes Gesellschafter, sofern im Gesell-schaftsvertrag nichts anderes geregelt ist, Bestellung von Prokuristen möglich	Gewerbe-anmeldung und Anmeldung zur Eintragung in das Handelsregister / relativ gering	Ja	Schriftlicher Ge-sellschaftsvertrag nicht zwingend erforderlich, aber zu empfehlen
KG Kommandit-gesellschaft (Kaufmann)	Grundsätzlich persön-lich haftende Ge-sellschafter, in be-sonderen Fällen Beteiligung der Kommanditisten erforderlich, Be-stellung von Prokuristen möglich	Gewerbe-anmeldung und Anmeldung zur Eintragung in das Handelsregister / relativ gering	Ja	Schriftlicher Ge-sellschaftsvertrag nicht zwingend erforderlich, aber zu empfehlen

Rechtsform	Entscheidungs-befugnis / Vertretung	Formalitäten / Kosten	Ein-tragung in das HR	Vertrag / Formvor-schriften
GmbH Gesellschaft mit be-schränkter Haftung **UG Unternehmer-gesellschaft** (Kaufmann)	Geschäftsführer Geschäftspolitik: Gesellschafterver-sammlung, sofern vorhanden Aufsichts-rat, Bestellung von Prokuristen möglich	Gewerbe-anmeldung und Anmeldung zur Eintragung in das Handelsregister, insgesamt um-fangreiche Formalitäten / hohe Gründungs-kosten (Erleichte-rung bei Verwen-dung des notari-ellen Muster-protokolls)	Ja	Schriftlicher Gesell-schaftsvertrag zwingend erforder-lich, Mindestinhalt gesetzlich geregelt, Notarielle Beur-kundung erforder-lich, Notarielles Musterprotokoll kann in einfachen fällen genutzt werden
AG Aktiengesellschaft (Kaufmann)	Vorstand Geschäftspolitik: Aufsichtsrat, Haupt-versammlung, Be-stellung von Prokuristen möglich	Gewerbe-anmeldung und Anmeldung zur Eintragung in das Handelsregister, insgesamt sehr umfangreiche Formalitäten / hohe Gründungs-kosten	Ja	Schriftlicher Gesell-schaftsvertrag zwingend erforder-lich, Mindestinhalt gesetzlich geregelt, Notarielle Beur-kundung erforder-lich

3.4.12   Unterschiede zwischen IFRS und US-GAAP

Gemäß dem Rahmenplan, müssen Prüfungsteilnehmer(innen) die wesentlichen Unter-schiede zwischen IFRS und US-GAAP kennen. Nichtsdestotrotz wird dieses Themengebiet nur äußerst selten geprüft. Dies liegt zum einen daran, dass viele Prüfungsausschüsse selbst keine US-GAAP Expertise haben. Zum anderen unterliegen beide Rechnungs-legungssysteme einem solchen Veränderungstempo, dass es schwer ist, einen einheitlichen Rechtsstand zu definieren. Im Folgenden werden kurz einige wesentliche Unterschiede zwischen den beiden Rechnungslegungssystemen dargestellt. Auf eine Nennung von Vor-schriften, insbesondere im US-GAAP-Bereich wird verzichtet.

Tabelle 3.5   Wesentliche Unterschiede zwischen IFRS und US-GAAP

Sachverhalt	IFRS	US-GAAP
Wertminderung bei Sachanlagevermögen	Einstufiger Wertminderungstest, bei welchem der Buchwert mit dem erzielbaren Betrag verglichen wird.	Zweistufiger Wertminderungstest. Der Buchwert wird zunächst mit den erwarteten undiskontierten Cashflows verglichen. Übersteigt der Buchwert diese, wird der Wertminderungsbedarf durch Vergleich mit dem beizulegenden Zeitwert ermittelt.
Neubewertungsmodell	Erlaubt bei Sachanlagen	Nur bei einigen Finanzanlagen erlaubt (nicht bei Sachanlagen)
Abschreibung von Sachanlagen	Komponentenansatz vorgeschrieben	Komponentenansatz zulässig
Bewertungsvereinfachungsverfahren	LIFO verboten	LIFO erlaubt
Rückstellungen werden bilanziert ab	50% Eintrittswahrscheinlichkeit	75% Eintrittswahrscheinlichkeit

Darüber hinaus ist anzumerken, dass die US-GAAP sehr viel umfangreicher sind als die IFRS. Dies bedeutet, dass es mehr Spezialvorschriften gibt.

4 Übungsfragen zur Vorbereitung auf das Prüfungsgespräch

4.1 Einleitung

Nach der Präsentation erfolgt ein rund 30-minütiges Prüfungsgespräch. Zunächst werden in der Regel Fragen mit direktem Bezug zur Präsentation gestellt. Anschließend entfernt sich das Gespräch mehr und mehr vom Thema der Präsentation. Das Prüfungsgespräch soll gem. § 3 Abs. 5 BibuchhPrV 2007 auch die Bereiche „Erstellen von Zwischen- und Jahresabschlüssen und des Lageberichts nach nationalem Recht" und „Erstellen von Abschlüssen nach internationalen Standards" umfassen. Hier eröffnet sich ein relativ weites Themengebiet. Manche Prüfungsausschüsse prüfen nur eine kleine Anzahl von Themen, diese aber sehr vertiefend, andere bevorzugen es, viele Themen eher oberflächlich anzusprechen. Die nachfolgende Auswahl an Übungsfragen dient dazu, den Lesern bzw. Leserinnen eine Vorstellung von der Art der möglichen Fragen zu geben.

4.2 „Bedienungsanleitung"

Bitte denken Sie daran, dass Sie sich auf eine mündliche Prüfung vorbereiten. Versuchen Sie, so realistisch wie möglich zu üben. Am besten ist es, wenn Sie sich die Fragen vorlesen lassen und dann versuchen, diese zu beantworten. Wenn möglich, sollten Sie Ihre Übungen aufzeichnen und sich später selbst kontrollieren, sowohl in inhaltlicher als auch in formaler Hinsicht.

4.3 Fragen

1. In § 266 Abs. 3 C HGB sind acht verschiedene Verbindlichkeiten genannt. Nennen Sie mindestens fünf davon.
    - A. Die folgenden Verbindlichkeiten werden in § 266 HGB genannt:
        - i. Anleihen, davon konvertibel
        - ii. Verbindlichkeiten gegenüber Kreditinstituten
        - iii. erhaltene Anzahlungen auf Bestellungen
        - iv. Verbindlichkeiten auf Lieferungen und Leistungen
        - v. Verbindlichkeiten aus der Annahme gezogener Wechsel und der Ausstellung eigener Wechsel
        - vi. Verbindlichkeiten gegenüber verbundenen Unternehmen
        - vii. Verbindlichkeiten gegenüber Unternehmen, mit denen ein Beteiligungsverhältnis besteht
        - viii. Sonstige Verbindlichkeiten

2. Welche Wahlrechte bestehen bei der Aktivierung der Herstellungskosten?
   A. Gemäß § 255 Abs.1 Satz 3 HGB besteht bei der Berechnung der Herstellungskosten ein Wahlrecht, angemessene Teile der folgenden Kosten zu aktivieren:
      i. Kosten der allgemeinen Verwaltung
      ii. Aufwendungen für soziale Einrichtungen des Betriebes
      iii. Aufwendungen für freiwillige soziale Leistungen und für die betriebliche Altersversorgung

Hinweis: Forschungs- und Vertriebskosten dürfen bei der Berechnung der Herstellungskosten **nicht** mit berücksichtigt werden.

3. Was besagt die „goldene Bilanzregel"?
   A. Die goldene Bilanzregel besagt, dass langfristiges Vermögen durch langfristiges Kapital gedeckt sein sollte. Dies entspricht einem Anlagendeckungsgrad I von 100 % oder mehr (Anlagevermögen ≤ Eigenkapital). Bei der erweiterten goldenen Bilanzregel darf neben dem Eigenkapital auch das langfristige Fremdkapital zur Finanzierung des langfristigen Vermögens verwendet werden. Dies entspricht einem Anlagendeckungsgrad II von 100% oder mehr (Anlagevermögen ≤ Eigenkapital + langfristiges Fremdkapital).

4. Worin unterscheiden sich Forschungs- von Entwicklungskosten? Wie unterscheidet sich die bilanzielle Behandlung von Forschungs- und Entwicklungskosten?
   A. Forschungskosten sind Kosten, die aus der zielgerichteten Suche nach neuen Erkenntnissen (Forschung) entstehen. In IAS 38.56 werden einige Beispiele für Forschungsaktivitäten genannt, die auch auf die HGB-Rechnungslegung anwendbar sind, z. B. die Suche nach Alternativen für Materialien, Vorrichtungen, Produkte, Verfahren, Systeme oder Dienstleistungen. Unter Entwicklungskosten versteht man dagegen diejenigen Kosten, die aus dem Transfer von Forschungsergebnissen zur Entwicklung von Wirtschaftsgütern entstehen. (vgl. hierzu auch § 252 Abs. 2a Satz 2 HGB). In IAS 38.57 werden eine Reihe von Kriterien genannt, welche kumulativ erfüllt sein müssen, um Entwicklungs- von Forschungskosten abzugrenzen. Diese Faktoren bieten auch einen guten Anhaltspunkt für die HGB-Rechnungslegung. Dennoch ist eine Abgrenzung nicht immer genau möglich, so dass hier ein implizites Wahlrecht besteht. Für Forschungskosten besteht ein generelles Bilanzierungsverbot, sowohl im HGB als auch im IFRS-Abschluss. Entwicklungskosten können unter bestimmten Voraussetzungen aktiviert werden.

5. Was versteht man unter einem „dynamischen Verschuldungsgrad"? Wie wird er berechnet? Welche Aussage trifft er? Ist die Aussage realistisch?
   A. Der dynamische Verschuldungsgrad zeigt an, wie lange die komplette Tilgung aller Verbindlichkeiten über den Cashflow dauern würde. Er berechnet sich wie folgt:

$$\text{Dynamischer Verschuldungsgrad} = \frac{\text{Fremdkapital}}{\text{Cashflow}}$$

Die Aussage ist nicht realistisch, da der Cashflow nicht nur zur Schuldentilgung, sondern z. B. auch für Investitionen und Ausschüttungen verwendet werden wird (werden muss). Darüber hinaus werden sich einige Verbindlichkeiten, wie z. B. die Pensionsrückstellungen, die kurzfristigen Steuerverbindlichkeiten sowie die Verbindlichkeiten aus Lieferungen und Leistungen nie vollständig tilgen lassen, solange das Unternehmen weiter geschäftlich tätig ist.

6. In § 266 Abs. 3 A III HGB werden vier verschiedene Arten von Gewinnrücklagen genannt. Nennen Sie drei davon.
   A. Folgende Gewinnrücklagen werden im HGB aufgezählt:
      i. Gesetzliche Rücklage
      ii. Rücklage für Anteile an einem herrschenden oder mehrheitlich beteiligten Unternehmen
      iii. Satzungsmäßige Rücklagen
      iv. Andere Gewinnrücklagen

7. Wofür steht die Abkürzung EBITDA und wozu dient diese Kennzahl?
   A. EBITDA ist die Abkürzung für Earnings before Interest, Taxes, Depreciation and Amortization, also der Jahresüberschuss (oder -fehlbetrag) vor Zinsen, Ertragssteuern, Abschreibungen und Geschäfts- oder Firmenwertabschreibungen. Die Bereinigungen sollen zu einer besseren Vergleichbarkeit der operativen Ertragskraft verschiedener Unternehmen führen. So soll die Bereinigung von Zinsen zu einer finanzierungsunabhängigen Darstellung führen. Die Bereinigung der Steuern dient der besseren Vergleichbarkeit bei verschiedenen Steuersätzen (auf nationaler Ebene, z. B. Gewerbesteuerhebesatz oder internationaler Ebene, z. B. Körperschaftssteuersatz) oder Rechtsformen, z. B. Kapital- oder Personengesellschaft. Die sonstigen Steuern, z. B. Grund- oder Kraftfahrzeugsteuer, sollten hingegen nicht bereinigt werden. Durch die Bereinigung der Abschreibungen sollen die Auswirkungen von Abschreibungswahlrechten (lineare oder degressive Abschreibung) oder unterschiedlichen Abschreibungsvorschriften (Firmenwertabschreibung HGB vs. IFRS) eliminiert werden.

8. Was ist ein „Festwert"?
   A. Gemäß § 240 Abs. 3 HGB dürfen Vermögensgegenstände des Sachanlagevermögens sowie der Roh-, Hilfs- und Betriebsstoffe mit gleichbleibender Menge und einem gleichbleibendem Wert (einem Festwert) in der Bilanz angesetzt werden, wenn sie regelmäßig ersetzt werden und ihr Gesamtwert für das Unternehmen von nachrangiger Bedeutung ist. Es wird somit unterstellt, dass sich Neuzugänge und Abgänge in einem Geschäftsjahr ausgleichen. Ein typisches Beispiel ist z. B. das Geschirr oder Besteck in einem Restaurant (sofern nicht als geringwertiges Wirtschaftsgut erfasst). Der Festwert muss alle drei Jahre im Rahmen einer Inventur überprüft werden.

9. Für die A-GmbH wurde zum Bilanzstichtag eine Anlagenintensität von 27 % und eine Fremdkapitalquote von 62% ermittelt. Erfüllt die A-GmbH die „Goldene Bilanzregel"?
   A. Ja, die goldene Bilanzregel ist erfüllt. Das Anlagevermögen macht 27 % der Bilanz-

summe aus, dass Eigenkapital dagegen 38 %. Beispiel: Bei einer Bilanzsumme von 100 TEUR hätte die A-GmbH Anlagevermögen von 27 TEUR und Eigenkapital von 38 TEUR. Das Anlagevermögen ist somit vollständig durch Eigenkapital finanziert.

10. Wie entsteht ein Geschäfts- oder Firmenwert? Wie ist er zu bilanzieren?

A. Ein Geschäfts- oder Firmenwert entsteht, wenn der im Rahmen eines Unternehmenserwerbs gezahlte Kaufpreis das erworbene Reinvermögen (Vermögensgegenstände abzüglich Schulden) überschreitet. Dieser Unterschiedsbetrag stellt den Geschäfts- oder Firmenwert dar. Gemäß § 246 Abs. 1 HGB handelt es sich bei dem Geschäfts- oder Firmenwert um einen zeitlich begrenzt nutzbaren Vermögensgegenstand. Dieser sollte über maximal fünf Jahre abgeschrieben werden. Wird eine längere Nutzungsdauer unterstellt, sind die Gründe hierfür gemäß § 285 Nr. 13 HGB im Anhang zu rechtfertigen.

11. Nennen Sie die vier Verwendungsmöglichkeiten für den Cashflow

A. Die Verwendungsmöglichkeiten des Cashflow sind:
    i. Thesaurierung
    ii. Ausschüttung, soweit nach bilanzrechtlichen Vorschriften erlaubt (Stichwort Ausschüttungssperre)
    iii. Schuldentilgung
    iv. Investitionen

12. Welche „Spiegel" finden sie typischerweise im Anhang einer großen Kapitalgesellschaft?

A. Es finden sich in der Regel drei Spiegel:
    i. Anlagespiegel
    ii. Rückstellungsspiegel
    iii. Verbindlichkeitenspiegel

13. Welches Problem entsteht, wenn Sie die Kennzahl EBITDA auf Basis einer nach dem UKV aufgestellten Bilanz ermitteln wollen? Wie lösen Sie dieses Problem?

A. Im UKV sind die Abschreibungen nicht direkt in der GuV ersichtlich. Stattdessen sind sie in den Positionen „Herstellungskosten des Umsatzes", „Vertriebskosten" und „allgemeine Verwaltungskosten" enthalten. Zur Berechnung des EBITDA können die Abschreibungen aus dem Anlagespiegel entnommen werden.

14. Was ist eine „Neubewertungsrücklage"? Nennen Sie ein Beispiel für die Verwendung dieser Rücklage.

A. Die Neubewertungsrücklage ist ein Bestandteil des Eigenkapitals im IFRS-Abschluss. In der IFRS-Rechnungslegung sind in verschiedenen Standards erfolgsneutrale Buchwertanpassungen an den beizulegenden Zeitwert erlaubt. Die Erhöhung des Buchwerts wird erfolgsneutral, d. h. ohne Berührung der GuV, direkt mit der Neubewertungsrücklage im Eigenkapital verrechnet. Vgl. z. B. IAS 16.31 bezüglich der erfolgsneutralen Erfassung von Erträgen im Rahmen des Neubewertungsmodells bei Sachanlagen.

15. Der IFRS-Abschluss der X-AG für das Jahr 20x1 wird am 12. März 20x2 festgestellt und zur Veröffentlichung freigegeben. Am 3. April 20x2 bemerkt die Gesellschaft, dass das das Vorratsvermögen durch einen Rechenfehler um 750 TEUR zu hoch ausgewiesen wurde. Die Hauptversammlung der X-AG findet am 15. April 20x2 statt. Darf bzw. muss die X-AG den Abschluss 20x1 korrigieren?

    A. Nein. Gemäß IAS 10 sind Ereignisse nach dem Bilanzstichtag solche Ereignisse, die **zwischen** dem Abschlussstichtag und dem Tag, an welchem der Abschluss zur Veröffentlichung freigegeben wird, stattfinden. Ereignisse, die nach dem Tag, an dem der Abschluss zur Veröffentlichung freigegeben wurde, stattfinden, sind in der folgenden Berichtsperiode zu erfassen.

16. Erläutern Sie den Unterschied zwischen GKV und UKV

    A. Das GKV ist **leistungsbezogen**. Bei der Darstellung der GuV nach dem GKV werden alle angefallenen Kosten ausgewiesen. Ob die Gesamtleistung, der diese Kosten gegenüberstehen, auch vollumfänglich abgesetzt werden konnte, spielt beim GKV keine Rolle. Stattdessen werden die Anpassungen an die Absatzseite über die Positionen „Bestandsveränderung" und „andere aktivierte Eigenleistungen" vorgenommen. Das UKV ist dagegen **umsatzbezogen**, d. h. es werden nur diejenigen Kosten angesetzt, die auf abgesetzte Güter oder Dienstleistungen entfallen. Beide Verfahren führen zu demselben Ergebnis.

17. Was sind aktive latente Steuern?

    A. Latente Steuern entstehen durch unterschiedliche Wertansätze in Handels- und Steuerbilanz. Die Ermittlung erfolgt auf Basis des bilanzorientierten Temporary Konzepts, d. h. für jede Bilanzposition werden die Wertansätze von Handels- und Steuerbilanz miteinander verglichen. Aktive latente Steuern entstehen, wenn der steuerbilanzielle Wertansatz eines Vermögensgegenstands den handelsrechtlichen übersteigt (bzw. eine handelsrechtliche Schuld größer ist als eine steuerbilanzielle). Nach § 274 Abs. 1 HGB besteht ein Aktivierungswahlrecht für aktive latente Steuern sowie eine Ausschüttungssperre gemäß § 268 Abs. 8 HGB.

18. Die A-GmbH hat einen gesamten freien Cashflow von TEUR 250. Kann sie den Cashflow vollständig an die Gesellschafter ausschütten?

    A. Es kommt darauf an, ob ein Jahresüberschuss bzw. auflösbare Gewinnrücklagen vorhanden sind (<u>Gewinn</u>ausschüttung!). Des Weiteren ist zu prüfen, ob eventuelle Ausschüttungssperren bestehen.

19. Nennen Sie drei Möglichkeiten um die Umschlagsdauer der Forderungen zu verkürzen.

    A. Mögliche Wege zur Verkürzung sind:

        i. Gewährung von Skonti für frühe Zahler. Diese Methode ist für das Unternehmen recht teuer.

        ii. Verbesserung des Mahnwesens. Diese Methode hilft, wenn viele Kunden erst nach Ablauf des eingeräumten Zahlungsziels zahlen.

        iii. Verkürzung des Zahlungsziels (bis hin zur Vorkasse). Diese Methode ist unter Umständen schwer am Markt durchsetzbar.

    iv. Factoring. Diese Methode lohnt sich nur bei einem gleich bleibenden Level von Forderungen gegenüber einem Kreis solider Schuldner.

20. Wie wirkt sich die Aktivierung selbst erstellter immaterieller Vermögensgegenstände auf den Cashflow aus?

    A. Die Aktivierung ist zahlungsunwirksam und hat somit keine direkten Auswirkungen auf den Cashflow. Allerdings führt die Aktivierung dazu, dass die angefallenen aktivierten Kosten dem Cashflow aus Investitionstätigkeit zuzuordnen sind. Bei der Ermittlung des Cashflow nach der indirekten Methode (also ausgehend vom Jahresüberschuss) ist zu beachten, dass die aktivierten Kosten nicht mehr als Aufwand in der GuV enthalten sind. Die Aktivierung hat somit Auswirkungen auf die Höhe des Brutto-Cashflows.

21. Für die A-AG wurde zum Bilanzstichtag ein statischer Verschuldungsgrad von 300% ermittelt. Wie hoch ist die Eigenkapitalquote?

    A. Die Eigenkapitalquote beträgt 25 %.

$$\text{Statischer Verschuldungsgrad} = \frac{\text{Fremdkapital}}{\text{Eigenkapital}} \times 100 = \frac{3}{1} \times 100 = 300 \%$$

➔ Gesamtkapital = 4 (3+1)

$$\text{Eigenkapitalquote} = \frac{\text{Eigenkapital}}{\text{Gesamtkapital}} \times 100 = \frac{1}{4} = 25 \%$$

22. Aus welchen drei Bestandteilen setzt sich der Gesamt-Cashflow zusammen?

    A. Die drei Bestandteile sind:

        i. Cashflow aus laufender Geschäftstätigkeit

        ii. Cashflow aus Investitionstätigkeit

        iii. Cashflow aus Finanzierungstätigkeit

23. Was ist eine Bewegungsbilanz?

    A. Eine Bewegungsbilanz zeigt die Höhe der Veränderung einer Bilanzposition zwischen zwei aufeinander folgenden Bilanzstichtagen. Die Veränderungen werden dabei entweder als Mittelverwendung (Aktivzunahme oder Passivabnahme) oder als Mittelherkunft (Passivzunahmen oder Aktivabnahmen) erfasst.

24. Welche Bedeutung hat das Rating für die Aufnahme von Fremdkapital?

    A. Das Rating wirkt sich auf die Höhe des zur Verfügung gestellten Fremdkapitals, die Zins- und Tilgungskonditionen und die Art und Höhe der zu stellenden Sicherheiten aus.

25. Was ist der „Leverage Effekt"?

    A. Der Leverage Effekt besagt, dass die Aufnahme von Fremdkapital positive oder negative Auswirkungen auf die Eigenkapitalrendite hat. Solange die Gesamtkapitalrentabilität über dem Fremdkapitalzinssatz liegt, führt die Zuführung von weiterem Fremdkapital zu einer Erhöhung der Eigenkapitalrentabilität. Sinkt dagegen die Gesamtkapitalrentabilität unter den Fremdkapitalzinssatz, wirkt sich der Leverage Effekt negativ auf die Eigenkapitalrentabilität aus.

26. Was ist der Unterschied zwischen einem internen und einem externen Rating?
    A. Es gibt diverse Unterschiede zwischen internem und externem Rating, z. B.:
       i. Das externe Rating erfolgt im Auftrag des zu bewertenden Unternehmens. Dieses bezahlt auch für die Erstellung des Ratings. Beim internen Rating erfolgt der Ratingprozess dagegen aus eigener Motivation, z. B. bei einer Bank, die ein Rating zur Bewertung eines (potentiellen) Kreditnehmers erstellt.
       ii. Das externe Rating wird in der Regel veröffentlicht, das interne Rating dagegen nicht.

27. Was ist ein „nicht durch Eigenkapital gedeckter Fehlbetrag"? Wo würde er in der Bilanz stehen?
    A. Ein „nicht durch Eigenkapital gedeckter Fehlbetrag" ist eine rechnerische Korrekturgröße, welche eine bilanzielle Überschuldung (Eigenkapital komplett durch Verluste aufgebraucht) anzeigt. Gemäß § 268 Abs. 3 HGB ist der „nicht durch Eigenkapital gedeckte Fehlbetrag" am Schluss der Bilanz auf der Aktivseite auszuweisen.

28. Welche Auswirkungen hat eine Erhöhung der Grundsteuer auf die Liquidität I. Grades und die Umsatzrentabilität?
    A. Die Erhöhung der Grundsteuer führt zu höheren Zahlungen im Geschäftsjahr und somit zu einem niedrigeren Bestand an liquiden Mitteln zum Bilanzstichtag. Die Erhöhung der Grundsteuer führt somit zu einer niedrigeren Liquidität I. Grades. Durch die Erhöhung der Grundsteuer erhöht sich auch die Aufwandsposition „sonstige Steuern". Da diese in der Regel in der Berechnung der Umsatzrendite enthalten sind, führt die Erhöhung der Grundsteuer auch zu einer niedrigeren Umsatzrendite.

29. Was ist der Unterschied zwischen einer Beteiligung und einem verbundenen Unternehmen?
    A. Eine Beteiligung setzt eine Anteilsquote von in der Regel 20 % voraus. Bei verbundenen Unternehmen muss dagegen ein herrschender Einfluss (u. a. Anteilsquote von in der Regel mehr als 50 %) vorliegen. Verbundene Unternehmen werden im Konzernabschluss konsolidiert, Beteiligungen dagegen nicht.

30. Welche beiden Bilanzierungsmethoden dürfen bei der Folgebewertung von Sachanlagevermögen nach IAS 16 verwendet werden (Wahlrecht)?
    A. Gemäß IAS 16.29 kann ein Unternehmen bei der Folgebewertung von Sachanlagevermögen zwischen dem Anschaffungskosten- und dem Neubewertungsmodell wählen. Beim Anschaffungskostenmodell wird das Sachanlagevermögen mit den Anschaffungskosten abzüglich der kumulierten Abschreibungen und kumulierter Wertminderungen angesetzt. Dagegen erfolgt beim Neubewertungsmodell der Ansatz des Sachanlagevermögens zum beizulegenden Zeitwert abzüglich kumulierter Abschreibungen und kumulierter Wertminderungen.

31. Welche Faktoren können einen Zeitreihenvergleich (z. B. Vergleich des Jahres-
    überschusses der Jahre 2007 bis 2011) erschweren?
    A. Die folgenden Faktoren können z. B. einen Zeitreihenvergleich erschweren:
        i. Änderung von Bilanzierungsregeln (z. B. BilMoG-Umstellung)
        ii. Unter Umständen können Bilanzierungswahlrechte unterschiedlich ausgeübt
            werden.
        iii. Änderungen von Steuersätzen können sich auf diverse Kennzahlen auswirken.
        iv. Beim betrachteten Unternehmen kann es zu wirtschaftlichen Veränderungen
            (z. B. Verkauf oder Erwerb von Unternehmensteilen, neue Produkte etc.)
            kommen. Die Ausgangsbasis für einen Kennzahlenvergleich ist somit unter-
            schiedlich.

32. Welche Mindestbestandteile sind gem. IAS 2 bei der Ermittlung der Herstellungskosten
    zu berücksichtigen?
    A. Gemäß IAS 2.12ff sind bei der Ermittlung der Herstellungskosten folgende
        Mindestbestandteile zu berücksichtigen:
        i. Material- und Fertigungseinzelkosten (inkl. den Sondereinzelkosten der
           Fertigung)
        ii. Produktionsgemeinkosten (z. B. Material- und Fertigungsgemeinkosten, Ab-
            schreibungen, Instandhaltungskosten von Betriebsgebäuden)
        iii. Sonstige Kosten, soweit diese angefallen sind, um die Vorräte an ihren der-
             zeitigen Ort und in ihren derzeitigen Zustand zu versetzen.
        iv. Fremdkapitalkosten im Rahmen der Herstellung eines qualifizierten Ver-
            mögensgegenstands im Sinne des IAS 23.

        Nicht mit einbezogen werden dürfen Vertriebskosten oder Verwaltungskosten
        ohne Bezug zum Produktionsprozess. Man spricht daher auch vom sog.
        produktionsbezogenen Vollkostenansatz.

33. Welche Vorschriften gibt es im Aktiengesetz bezüglich der Einstellung in die gesetzliche
    Rücklage?
    A. In § 150 AktG sind diverse Pflichten in Bezug auf die gesetzliche Rücklage kodi-
        fiziert:
        i. Pflicht zur Bildung der gesetzlichen Rücklage (§150 Abs. 1 AktG)
        ii. Einstellung von 5 % des Jahresüberschusses in die gesetzliche Rücklage, solange
            bis die gesetzliche Rücklage und die Kapitalrücklagen zusammen 10 % des
            Grundkapitals erreichen. In der Satzung kann ein höherer Schwellenwert fest-
            gelegt werden. Vgl. § 150 Abs. 2 AktG.
        iii. In § 150 Abs. 3 und 4 AktG werden diverse Einschränkungen bezüglich der
             Verwendung der gesetzlichen Rücklage genannt.

34. Gibt es einen Unterschied zwischen dem Ergebnis der gewöhnlichen Geschäftstätigkeit
    und dem EBIT? Wenn ja, welchen?
    A. Das Ergebnis der gewöhnlichen Geschäftstätigkeit ist im HGB definiert, § 275 Abs.
        2 Nr. 14 bzw. Abs. 3 Nr. 13 HGB. Es schließt das Finanzergebnis – und somit die

Zinsen – mit ein. Das EBIT ist dagegen eine Pro Forma Kennzahl, die gesetzlich nicht näher definiert ist. Das EBIT enthält im Gegensatz zum Ergebnis der gewöhnlichen Geschäftstätigkeit keine Zinserträge und –aufwendungen. Da im IFRS kein außerordentliches Ergebnis ausgewiesen werden darf, sind im EBIT häufig außerordentliche Erträge und Aufwendungen enthalten. Dies ist beim Ergebnis der gewöhnlichen Geschäftstätigkeit nicht der Fall.

35. Wer sind typischerweise die Empfänger der vom Unternehmen erwirtschafteten Wertschöpfung?
   A. Die im Rahmen der Wertschöpfungsverwendungsrechnung typischerweise aufgeführten Empfänger sind:
      i. Belegschaft (Mitarbeiter)
      ii. Kreditgeber
      iii. Eigentümer
      iv. Öffentliche Hand (Steuern)
      v. Unternehmen (Thesaurierung)

36. Wenn Sie eine Erfolgsspaltung der GuV vornehmen, in welche Teilergebnisse würden Sie die GuV aufspalten?
   A. In das ordentliche Betriebsergebnis, das Finanzergebnis und das außerordentliche Ergebnis. Die Steuern vom Einkommen und vom Ertrag werden entweder separat aufgeführt oder auf die einzelnen Teilergebnisse aufgeteilt.

37. Was ist der Unterschied zwischen wertaufhellendem und wertbegründendem Ereignis?
   A. Bei der Wertaufhellung führen neuere Informationen nach dem Bilanzstichtag zu besseren Erkenntnissen über Gegebenheiten, die am Bilanzstichtag schon vorlagen. Bei einem wertbegründenden Ereignis werden dagegen Gegebenheiten geschaffen, die am Bilanzstichtag noch nicht vorlagen.

38. In § 266 Abs. 2 A III HGB werden sechs verschiedene Finanzanlagen aufgezählt. Nennen Sie mindestens 3 davon.
   A. Die folgenden Arten von Finanzanlagen werden genannt:
      i. Anteile an verbundenen Unternehmen
      ii. Ausleihungen an verbundenen Unternehmen
      iii. Beteiligungen
      iv. Ausleihungen an Unternehmen, mit denen ein Beteiligungsverhältnis besteht
      v. Wertpapiere des Anlagevermögens
      vi. Sonstige Ausleihungen

39. Seit BilMoG kann in der Bilanz eine Position „aktiver Unterschiedsbetrag aus der Vermögensverrechnung" stehen. Was ist das und wo in der Bilanz steht diese Position?
   A. Vermögensgegenstände, welche dem Zugriff aller übrigen Gläubiger entzogen sind und ausschließlich der Erfüllung von Schulden aus Altersversorgungsverpflichtung bzw. vergleichbaren langfristig fälligen Verpflichtungen dienen, sind gemäß § 246 Abs. 2 HGB mit diesen Schulden zu verrechnen. Übersteigt der beizulegende Zeitwert der Vermögensgegenstände den der Schulden, ist diese Differenz

als „aktiver Unterschiedsbetrag aus der Vermögensverrechnung" in der Bilanz auf der Aktivaseite zu erfassen (§ 266 Abs. 2 E. HGB).

40. Was versteht man in der IFRS-Rechnungslegung unter dem Begriff „Impairment"?

    A.   Impairment bedeutet übersetzt Wertminderung. Der relevante Standard ist IAS 36. In der IFRS-Rechnungslegung ist für verschiedene Arten von Vermögensgegenständen ein regelmäßiger Wertminderungstest vorgesehen. Dabei wird untersucht, ob der Buchwert des Vermögensgegenstands den erzielbaren Betrag übersteigt (IAS 36.8). In diesem Falle liegt eine Wertminderung vor. Als erzielbarer Betrag gilt der höhere der beiden Beträge aus beizulegendem Zeitwert (abzüglich Verkaufskosten) und Nutzungswert.

41. Welche Verbrauchsfolgeverfahren sind nach HGB zulässig, welche nach IFRS?

    A.   In der HGB Rechnungslegung sind die sog. „First in, first out" (Fifo) und die "Last in, first out" (Lifo) Verfahren zulässig (vgl. § 256 HGB). In der IFRS-Rechnungslegung ist gemäß IAS 2.25 nur die Fifo-Methode zulässig. Hinweis: Durchschnitts- oder Festwertbewertung sind keine Verbrauchsfolgeverfahren!

42. Was versteht man unter dem Begriff Konjunkturzyklus? In welche Phasen wird er typischerweise unterteilt?

    A.   Jede Volkswirtschaft verfügt über ein individuelles Produktionspotential. Hierunter versteht man die maximal erreichbare Produktionsleitung. Die Höhe der Auslastung dieser maximalen Produktionsleistung nennt man Konjunktur. Der Verlauf der Auslastung folgt typischerweise einem bestimmten Muster, dem sog. Konjunkturzyklus. Er setzt sich zusammen aus den Phasen Aufschwung, Boom (Hochkonjunktur), Abschwung (Rezession) und Depression.

43. Erläutern Sie den Begriff stille Reserven und nennen sie zwei typische Ursachen die zur Bildung von stillen Reserven in der HGB-Bilanz führen.

    A.   Stille Reserven entstehen, wenn der Buchwert eines Vermögensgegenstands niedriger ist als sein tatsächlicher Wert. Da die Anschaffungs- und Herstellungskosten in der HGB-Rechnungslegung die Wertobergrenze darstellen, können Wertsteigerungen über diese Obergrenze hin nicht in der Bilanz erfasst werden. Das Unternehmen besitzt also mehr Vermögen, als es in der Bilanz zeigen darf. Die Differenz zwischen Buchwert und höherem Marktwert wird als stille Reserve bezeichnet. Stille Reserven können u. a. entstehen:

        i.   Bei Immobilien, wenn die Immobilienpreise steigen. Durch schnellere Abschreibungen lassen sich auch stille Reserven im Anlagevermögen erzeugen.

       ii.   Bei Finanzanlagen oder Wertpapieren des Umlaufvermögens, wenn die Kurse über die AHK steigen.

      iii.   Wird vom Bilanzierungswahlrecht für selbst erstellte immaterielle Vermögensgegenstände kein Gebrauch gemacht, entstehen auch stille Reserven, da das Unternehmen über mehr Vermögensgegenstände verfügt, als in der Bilanz ausgewiesen werden.

44. Was versteht man unter dem Imparitätsprinzip?

  A. Das Imparitätsprinzip beruht auf § 252 Abs. 1 Nr. 4 HGB. Es besagt, dass am Abschlussstichtag noch nicht realisierte Gewinne nicht ausgewiesen werden, während für noch nicht realisierte Verluste eine Ausweispflicht besteht.

45. Welche zwei Arten der Wertberichtigung von Forderungen kennen Sie? Worin unterscheiden sie sich?

  A. Es gibt die Einzelwert- und die Pauschalwertberichtigung.

    i. Bei der Einzelwertberichtigung werden einzelne Forderungen, für welche ein Wertberichtigungsbedarf ermittelt wurde, individuell wertberichtigt. Die Höhe der Wertberichtigung basiert auf der Einschätzung des Ausfallrisikos im konkreten Einzelfall.

    ii. Bei der Pauschalwertberichtigung wird dagegen dem generellen Forderungsausfallrisiko Rechnung getragen. Für sämtliche Forderungen aus Lieferungen und Leistungen (außer denen, die bereits einzelwertberichtigt sind) wird dabei eine pauschale Wertberichtigung ermittelt. Die Höhe der Pauschalwertberichtigung beruht auf durchschnittlichen Vergangenheitswerten.

46. Erläutern Sie kurz die drei Säulen von Basel II.

  A. Die drei Säulen von Basel II sind:

    i. 1. Säule – Mindestkapitalanforderungen: Alle bestehenden Kredit-, Markt- und operationelle Risiken müssen mit einem bestimmten Mindestkapital hinterlegt sein.

    ii. 2. Säule – Bankenaufsichtlicher Überwachungsprozess: Banken unterliegen der laufenden Überwachung durch die Aufsichtsbehörden (BaFin und Bundesbank in Deutschland).

    iii. 3. Säule – Erweiterte Offenlegung: Banken müssen verstärkt quantitative und qualitative Informationen über ihre Kapitalausstattung im Jahresabschluss offen legen. Hierdurch soll ein Wettbewerbsdruck erzeugt werden, der Banken zum Aufbau einer besseren Kapitalausstattung bewegen soll.

47. Was ist eine Eigenkapitalveränderungsrechnung?

  A. Die Eigenkapitalveränderungsrechnung ist eine Darstellung, welche die Veränderung des Eigenkapitals in einer Periode anzeigt. Dies ist notwendig, weil sich verschiedene Veränderungen des Eigenkapitals, z. B. durch Kapitalerhöhung oder Neubewertungen im IFRS-Abschluss, nur schwer aus Bilanz und GuV heraus erkennen lassen. Die Eigenkapitalveränderungsrechnung ist Bestandteil des IFRS-Abschlusses (geregelt in IAS 1.106ff.). In der HGB-Rechnungslegung entspricht der Eigenkapitalspiegel in etwa der Eigenkapitalveränderungsrechnung. Er ist gem. § 297 Abs. 1 HGB Bestandteil des Konzernabschlusses.

48. Was ist eine Ausschüttungssperre? Nennen Sie einen möglichen Tatbestand, der eine solche Ausschüttungssperre bewirkt.

  A. Eine Ausschüttungssperre ist eine Begrenzung der möglichen Höhe einer Gewinnausschüttung. Ausschüttungssperren werden ausgelöst durch:

    i. Aktivierte selbst erstellte immaterielle Vermögensgegenstände des Anlagever-
    mögens (§ 268 Abs. 8 HGB)

    ii. Aktivierte aktive latente Steuern (§ 268 Abs. 8 HGB)

49. Welche drei Darstellungsmöglichkeiten des Jahresergebnisses im Eigenkapital im HGB-
Abschluss kennen Sie (Stichwort Gewinnverwendung)? Worin unterschieden sie sich?

    A.   Das Jahresergebnis kann in der Bilanz dargestellt werden:

        i. Vor Ergebnisverwendung

        ii. Mit teilweiser Ergebnisverwendung

        iii. Mit vollständiger Ergebnisverwendung

        Bei der Aufstellung vor Ergebnisverwendung werden der Jahresüberschuss und
        ein etwaiger Gewinnvortrag separat ausgewiesen. Bei der teilweisen Ergebnisver-
        wendung wird ein Teil des Jahresüberschusses in die Gewinnrücklagen ein-
        gestellt. Anstelle von Jahresüberschuss und Gewinnvortrag tritt die Bilanzposition
        „Bilanzgewinn" (vgl. § 268 Abs. 1 HGB). Bei der vollständigen Ergebnisver-
        wendung muss vor Aufstellung des Abschlusses ein Gewinnverwendungs-
        beschluss (Einstellung in die Gewinnrücklagen, Vortrag, Ausschüttung) der Ge-
        sellschafter vorliegen.

50. Was ist der Sinn und Zweck einer Strukturbilanz?

    A.   Durch Saldierungen und Umgliederungen, welche bei der Erstellung einer
        Strukturbilanz vorgenommen werden, wird eine bessere Übersichtlichkeit er-
        reicht. Gleichzeitig erfolgt eine deutlichere Unterteilung nach Fristigkeit, was für
        die Berechnung diverser Kennzahlen wichtig ist. Bei der Erstellung der Struktur-
        bilanz werden auch die Auswirkungen diverser Bilanzierungswahlrechte
        eliminiert.

51. Was versteht man unter dem Begriff „Ereignisse nach dem Abschlussstichtag" im Sinne
des IAS 10?

    A.   „Ereignisse nach dem Abschlussstichtag sind vorteilhafte oder nachteilige Ereig-
        nisse, die zwischen dem Abschlussstichtag und dem Tag eintreten, <u>an dem der
        Abschluss zur Veröffentlichung genehmigt wird.</u>" (IAS 10.3). Man unterscheidet
        dabei zwischen Ereignissen, die eine bessere Erkenntnis über Tatsachen ver-
        schaffen, die bereits am Abschlussstichtag vorgelegen haben (berücksichtigungs-
        pflichtige Ereignisse) und solchen, wo die tatsächlichen wertverändernden Ereig-
        nisse erst nach dem Abschlussstichtag eingetreten sind (nicht zu berück-
        sichtigende Ereignisse).

52. Was versteht man unter dem Begriff Inventur und welche Arten von Inventur (in Bezug
auf den Inventurzeitpunkt) kennen Sie?

    A.   Inventur ist die körperliche Bestandsaufnahme durch messen, zählen oder wiegen.
        Je nach Inventurzeitpunkt unterscheidet man zwischen

        i. Stichtagsinventur

        ii. Zeitnaher Stichtagsinventur: Diese ist innerhalb von 10 Tagen vor oder nach
           dem Abschlussstichtag vorzunehmen.

     iii. Zeitverschobener Inventur (auch verlegte Inventur): Diese ist gemäß § 241 Abs. 3 HGB innerhalb der letzten drei Monate vor dem Bilanzstichtag oder der ersten zwei Monate nach dem Bilanzstichtag durchzuführen.

     iv. Permanenter Inventur: Bei der permanenten Inventur findet die Inventur über das ganze Jahr verteilt statt.

53. Erläutern Sie kurz, was man in der IFRS-Rechnungslegung unter rückwirkender und prospektiver Anwendung einer neuen Rechnungslegungsmethode versteht.

  A. Beide Begriffe sind in IAS 8 definiert.

     i. Bei der rückwirkenden (retrospektiven) Anwendung wird eine neue Vorschrift so auf Geschäftsvorfälle angewendet, als wäre sie immer schon angewendet worden. Hierzu sind u. a. alle Vergleichszahlen (z. B. Vorjahreswerte) anzupassen.

     ii. Bei der prospektiven Anwendung wird eine neue Vorschrift lediglich auf Geschäftsvorfälle angewendet, die nach in Kraft treten der neuen Vorschrift stattgefunden haben. Vergleichswerte werden nicht angepasst.

54. Was versteht man unter horizontaler und vertikaler Bilanzanalyse?

  A. Unter horizontaler Bilanzanalyse versteht man das ins Verhältnis setzen von Bilanzpositionen der Aktiva und Passiva, z. B. beim Anlagendeckungsgrad oder den Liquiditätsgraden I-III. Dagegen werden bei der vertikalen Bilanzanalyse Bilanzpositionen innerhalb der Aktiva oder Passiva ins Verhältnis gesetzt, z. B. bei der Eigenkapitalquote oder der Anlagenintensität.

55. Bei der Erstellung einer Strukturbilanz werden in der Regel Saldierungen und Umgliederungen vorgenommen. Nennen und erläutern Sie je ein Beispiel für eine solche Saldierung oder Umgliederung.

  A. Beispiele sind:

     i. Saldierung eines als aktiver Rechnungsabgrenzungsposten aktivierten Disagios mit dem Eigenkapital. Dies wird gemacht, da das Disagio keinen real verwertbaren Vermögensgegenstand darstellt.

     ii. Ein aktiver Unterschiedsbetrag aus der Vermögensverrechnung sollte mit dem Eigenkapital saldiert werden, da er der Verfügung des Unternehmens und der übrigen Gläubiger weitestgehend entzogen ist.

     iii. Sonstige Rechnungsabgrenzungsposten werden in das Umlaufvermögen (ARAP) oder die Verbindlichkeiten (PRAP) umgegliedert.

     iv. Ist eine Ausschüttung wahrscheinlich, wird der auszuschüttende Teil des Jahresüberschusses in die kurzfristigen Verbindlichkeiten umgegliedert.

     v. Achtung: Durch BilMoG sind viele „klassische" Umgliederungen und Saldierungen weggefallen, wie z. B. die Aufteilung des SoPos in EK und FK oder die Saldierung eines Geschäfts- oder Firmenwerts mit dem EK (früher Bilanzierungshilfe, nun eigenständiger Vermögensgegenstand).

56. Was versteht man unter dem Nutzungswert (Value in use) und wie wird er berechnet?

  A. Der Nutzungswert ist eine Komponente des sog. erzielbaren Betrags, der eine wichtige Rolle beim sog. Impairment gemäß IAS 36 spielt. Der Nutzungswert ist die Summe der geschätzten zukünftigen Cashflows aus bestimmungsgemäßer Nutzung eines Vermögensgegenstands und seiner letztendlichen Veräußerung. Die Cashflows sind mit einem angemessenen Abzinsungssatz zu diskontieren. Vgl. IAS 36.30-57.

57. Welche bilanzpolitischen Möglichkeiten zur Verbesserung des Jahresüberschusses kennen Sie?
    A. Mögliche bilanzpolitische Maßnahmen sind:
       i. Ausübung sämtlicher Aktivierungswahlrechte (Disagio, selbst erstellte immaterielle Vermögensgegenstände des Anlagevermögens, aktive latente Steuern, angemessene Teile der Kosten der allgemeinen Verwaltung bei den Herstellungskosten etc.).
       ii. Möglichst lange Nutzungsdauern bei Anlagevermögen und somit niedrigere Abschreibungen.
       iii. Umstellung der Lieferbedingungen auf „ab Werk", so dass der Umsatz schneller realisiert werden kann.
       iv. Bei Bewertung zu beizulegendem Zeitwert (Fair Value) bestehen häufig Ermessensspielräume bezüglich der geschätzten zukünftigen Cashflows und des zu verwendenden Abzinsungssatzes.

58. Was bedeutet der Begriff „True and Fair View" in der internationalen Rechnungslegung?
    A. True und Fair View bedeutet, dass der Abschluss ein den tatsächlichen Verhältnissen entsprechendes Bild der Vermögens-, Finanz- und Ertragslage bietet.

59. Die HGB-Rechnungslegung ist am Gläubigerschutz orientiert. Was versteht man hierunter? Welche Auswirkungen hat der Gläubigerschutz auf die Bilanzanalyse?
    A. Gläubigerschutz bedeutet, dass die Bilanzierung darauf ausgelegt ist, den Gläubigern (Kreditgebern) nötige Informationen und Sicherheit zu geben. So führt das Vorsichts- und Imparitätsprinzip häufig zur Bildung von stillen Reserven und geringeren Ausschüttungsmöglichkeiten an die Gesellschafter. Insbesondere die stillen Reserven sind nur schwer in der Bilanzanalyse zu erfassen. Dies ist zu bedenken, wenn ein gläubigerschutzfokussierter Abschluss mit einem IFRS-Abschluss verglichen wird.

60. Was versteht man unter dem Begriff „Produktionsfaktoren"?
    A. In der klassischen Volkswirtschaftslehre versteht man hierunter die Faktoren Arbeit, Boden und Kapital. In der Betriebswirtschaftslehre unterscheidet man zwischen Elementarfaktoren (Roh-, Hilfs- und Betriebsstoffe, Betriebsmittel) und dispositiven Faktoren (Leitung, Organisation etc.).

61. Zum Jahresanfang beträgt das Bankguthaben der A-GmbH 40 TEUR. Die Summe der Cashflows aus laufender Geschäftstätigkeit, Investitions- und Finanzierungstätigkeit beträgt 60 TEUR. Wie hoch ist das Bankguthaben zum Jahresende?
    A. Das Bankguthaben beträgt 100 TEUR. Der Cashflow zeigt die Veränderung der liquiden Mittel in einer Berichtsperiode an.

62. Gemäß § 253 Abs. 2 HGB sind Rückstellungen mit einer Restlaufzeit von mehr als einem Jahr abzuzinsen. Welcher Zinssatz ist dabei zu verwenden?

    A. Die Rückstellungen sind mit einem ihrer Restlaufzeit entsprechenden durchschnittlichen Marktzinssatz der vergangenen sieben Geschäftsjahre abzuzinsen (§ 253 Abs. 2 HGB). Dieser Abzinsungssatz wird gemäß den Vorschriften der Rückstellungsabzinsungsverordnung von der Deutschen Bundesbank ermittelt.

63. Rückstellungen sind mit ihrem Erfüllungsbetrag anzusetzen. Was versteht man unter dem Begriff „Erfüllungsbetrag"?

    A. Erfüllungsbetrag ist der Betrag, der bei einer zukünftigen Inanspruchnahme der Rückstellung fällig wird. Er schließt zukünftige Preis- und Kostensteigerungen mit ein.

64. Wann liegt ein „Impairment" im Sinne des IAS 36 vor?

    A. Ein Impairment, also eine Wertminderung, liegt vor, wenn der Buchwert eines Vermögensgegenstands seinen erzielbaren Betrag übersteigt. Erzielbarer Betrag ist dabei der höhere der beiden Beträge aus beizulegendem Zeitwert abzüglich Verkaufskosten und dem Nutzungswert.

65. Welche Probleme bestehen bei der externen Bilanzanalyse von kleinen Kapitalgesellschaften?

    A. Im HGB existieren eine Reihe von größenabhängigen Erleichterungen für kleine Kapitalgesellschaften. So sind diese gemäß § 274a HGB u. a. von der Pflicht zur Aufstellung eines Anlagengitters befreit. Bilanziert die kleine Kapitalgesellschaft nach dem Umsatzkostenverfahren, ließe sich die Kennzahl EBITDA nicht berechnen, da man keine Möglichkeit hat, die Höhe der Abschreibungen dem Abschluss zu entnehmen. Außerdem dürfen verschiedene Positionen in der GuV zusammengefasst werden (§ 276 HGB). Dies kann die Berechnung verschiedener Kennzahlen, wie z. B. diverser Aufwandsquoten erschweren oder gar unmöglich machen.

66. Mindert eine Einstellung in die Gewinnrücklagen die Höhe des Jahresüberschusses?

    A. Nein. Eine Einstellung in die Gewinnrücklagen ist eine Verwendung des Jahresüberschusses. Sie hat Auswirkungen auf die Höhe des Bilanzgewinns.

67. Welche Bilanzierungswahlrechte bestehen bezüglich eines Damnums (=Disagio)? Wie wirkt sich die Ausübung dieser Wahlrechte auf die Arbeitsintensität und den Anlagendeckungsgrad I aus?

    A. Gemäß § 250 Abs. 3 HGB darf das Damnum als aktiver Rechnungsabgrenzungsposten aktiviert und über die Dauer der Kreditlaufzeit abgeschrieben werden. Durch die Aktivierung verlängert sich die Bilanz (d. h. die Bilanzsumme wird größer) bei gleich bleibendem Umlaufvermögen (ein aktiver Rechnungsabgrenzungsposten ist kein Teil des Umlaufvermögens!). Die Arbeitsintensität wird also geringer ausfallen. Durch die Aktivierung erhöhen sich die Aktiva bei gleich bleibenden Schulden. Somit steigt das Eigenkapital. Das Anlagevermögen bleibt von der Aktivierung des Damnums unberührt. Durch das höhere Eigenkapital steigt der Anlagendeckungsgrad. **Aber:** In der Bilanzanalyse wird ein Damnum häufig im Rahmen der Erstellung der Strukturbilanz mit dem Eigenkapital saldiert. In diesem Falle werden die Effekte aus der Aktivierung wieder eliminiert.

68. Die A-GmbH hat Teile eines bilanzierten Geschäfts- oder Firmenwerts außerplanmäßig abgeschrieben. Im folgenden Jahr sind die Gründe für die außerplanmäßige Abschreibung entfallen. Darf (oder muss) die A-GmbH eine Zuschreibung vornehmen?

   A.   Gemäß § 253 Abs. 5 HGB besteht ein Wertaufholungsverbot mit Bezug auf den Geschäfts- oder Firmenwert. Die A-GmbH darf somit keine Zuschreibung vornehmen.

69. Wie wird sich der Umsatz eines Unternehmens typischerweise in den einzelnen Phasen eines Konjunkturzyklus entwickeln?

   A.   Im Aufschwung steigt der Umsatz, zunächst mit moderaten Wachstumsraten. Im Übergang zum Boom (Hochkonjunktur) steigt das Umsatzwachstum dann immer rasanter an. Zum Schluss verlangsamt sich das Wachstum wieder, bis es schließlich stagniert. Im Abschwung wird der Umsatz dann zurückgehen, zunächst nur leicht. Weitet sich der Abschwung in eine Rezession aus, geht der Umsatz weiter zurück und bricht unter Umständen ein (gravierender Umsatzrückgang innerhalb kurzer Zeit).

70. Welche drei (Haupt)Risikoarten müssen gemäß Basel II bei der Berechnung der erforderlichen Eigenkapitalausstattung berücksichtigt werden?

   A.   Das Kredit-, Markt- und operationelle Risiko.

71. Welche Kennzahlen würden Sie für eine Analyse des Anlagevermögens betrachten?

   A.   Mögliche Kenzahlen sind:
      i. Anlagenintensität: Je höher, desto mehr Vermögen ist langfristig gebunden. Je nach Zusammensetzung des Anlagevermögens (viele Maschinen, technische Anlagen, Produktionsgebäude und Lagerhallen) besteht die Gefahr, dass die Kosten bei einem Umsatzrückgang nicht schnell genug gesenkt werden können.
      ii. Anlagendeckungsgrad: Zeigt, ob eine fristenkongruente Finanzierung vorliegt.
      iii. Abschreibungsquote und Anlagenabnutzungsgrad: Beide Kennzahlen geben einen Aufschluss über das durchschnittliche Alter des Anlagevermögens (bzw. die Restnutzungsdauer). Hieraus lässt sich erkennen, ob beispielsweise größere Ersatzinvestitionen in Kürze nötig werden.

72. Nennen Sie ein Beispiel für ein expansives fiskalpolitisches Instrument. Welche Auswirkungen hat der Einsatz dieses Instruments typischerweise auf Bilanz und GuV bzw. auf bilanzanalytische Kennzahlen eines Unternehmens?

   A.   Expansive fiskalpolitische Instrumente sind solche Maßnahmen, bei denen der Staat durch Ausgaben (oder dem Verzicht auf Einnahmen) versucht, das Wirtschaftswachstum anzukurbeln. Beispiele sind:
      i. Subventionen: Durch Investitionszuschüsse, Fördermittel etc. wird zum Beispiel die Liquiditätslage eines Unternehmens verbessert. Hierdurch erhöhen sich die Liquiditätsgrade und der Cashflow.

ii. Staatsaufträge: Tritt der Staat verstärkt als Auftraggeber auf, kann dies zu steigenden Umsätzen führen (entweder direkt durch einen Staatsauftrag oder indirekt durch Belieferung eines Unternehmens, welches einen Staatsauftrag erhalten hat). Der steigende Umsatz führt in der Regel zu höheren Kapitalrentabilitäten.

iii. Spezielle steuerliche Sonderabschreibungen: Hierdurch kann in der Steuerbilanz ein höherer Aufwand erzeugt werden. Folglich sinkt der steuerbilanzielle Gewinn und somit die zu zahlenden Steuern vom Einkommen und Ertrag. Dies erhöht wiederum die Liquiditätsgrade und den Cashflow.

iv. Senkung der Verbrauchssteuern: Hierdurch kann unter Umständen die Nachfrage angekurbelt werden, was zu steigenden Umsätzen führt.

73. Was versteht man unter dem Begriff „Compliance"?
   A. Unter Compliance versteht man allgemein die Einhaltung von Regeln. Dies können sowohl gesetzliche Vorschriften (Gesetze, Verordnungen) als auch interne Vorgaben wie z. B. interne Regelungen und Richtlinien, vertragliche Verpflichtungen (z. B. zur Verschwiegenheit) sein. Compliance ist ein Teilbereich des unternehmensweiten Risikomanagements.

74. Nennen Sie eine Möglichkeit, wie sich die Liquiditätsgrade durch bilanzpolitische Maßnahmen optisch verbessern lassen.
   A. Beispiele sind:
      i. Umgliederung von Anlagevermögen ins Umlaufvermögen wegen angeblicher Verkaufsabsicht. Hierdurch kann die Liquidität II. und III. Grades erhöht werden.
      ii. Vollständige Ausnutzung sämtlicher Aktivierungswahlrechte bei den Herstellungskosten der Vorräte (angemessene Teile der Kosten der allgemeinen Verwaltung etc.). Hierdurch kann die Liquidität III. Grades erhöht werden.
      iii. Durch Pensionsgeschäfte (vgl. § 340b HGB) können die Liquiditätslage und der Liquiditätsgrad I verbessert werden.
      iv. Durch Aufschiebung der Zahlung von Rechnungen lässt sich der Liquiditätsgrad I ebenfalls verbessern. Zwar steigen hierdurch auch die kurzfristigen Verbindlichkeiten, doch prozentual gesehen steigt die Liquidität höher als die kurzfristigen Verbindlichkeiten. Der Liquiditätsgrad I steigt somit. (gilt nur wenn Liquidität I Grades < 100% ist!).

75. Was versteht man unter Konsolidierung? Nennen Sie drei verschiedene Konsolidierungsmaßnahmen.
   A. Unter Konsolidierung versteht man das Zusammenfassen mehrerer Einzelabschlüsse zu einem Konzernabschluss. Dabei sind die zwischen den in die Konsolidierung einbezogenen Unternehmen bestehenden wirtschaftlichen Beziehungen zu eliminieren. Zu diesem Zweck werden die folgenden Konsolidierungsmaßnahmen durchgeführt:

      i. Kapitalkonsolidierung

     ii. Aufwands- und Ertragskonsolidierung

    iii. Schuldenkonsolidierung

    iv. Zwischenergebniseliminierung

76. Was versteht man unter dem Begriff „GATT"?

   A. GATT ist die Abkürzung für General Agreement on Tariffs and Trade (deutsch: Allgemeines Zoll- und Handelsabkommen). Das GATT, 1948 geschlossen, zielt darauf ab, Wettbewerbsbeschränkungen wie z. B. Zölle international abzubauen.

77. Sollten Bürgschaften und sonstige Haftungsverhältnisse im Sinne des § 251 HGB Ihrer Meinung nach bei der Berechnung der Liquiditätsgrade berücksichtigt werden?

   A. Ist ein Unternehmen Haftungsverhältnisse eingegangen, kann es unter Umständen kurzfristig zu einer Inanspruchnahme und somit zu einem Abfluss liquider Mittel kommen. Die Schwierigkeit besteht darin, die Eintrittswahrscheinlichkeit einer Inanspruchnahme zu ermitteln. Allerdings ist ein Unternehmen verpflichtet, Haftungsverhältnisse zu passivieren, wenn eine Inanspruchnahme wahrscheinlich ist. Ein Ausweis „unter der Bilanz" zeigt also an, dass ein Unternehmen nicht mit einer Inanspruchnahme rechnet. Mangels besserer Erkenntnisse sollten Haftungsverhältnisse daher nicht bei der Berechnung der Liquiditätsgrade berücksichtigt werden. Allerdings macht es u. U. Sinn, die Liquiditätsgrade einmal unter Berücksichtigung einer Inanspruchnahme zu berechnen. So erhält man eine Vorstellung von den in den Haftungsverhältnissen schlummernden Risiken.

78. Sie analysieren die Liquiditätslage eines Unternehmens. Macht es hierbei einen Unterschied, ob das Unternehmen über eine harte oder weiche Patronatserklärung verfügt?

   A. Bei einer harten Patronatserklärung verpflichtet sich das Mutterunternehmen des Schuldners, für alle (oder einige) Verbindlichkeiten des Tochterunternehmens einzustehen. Insofern ist hier bei einer Analyse der Liquiditätslage auch die Liquiditätslage des Mutterunternehmens zu berücksichtigen. Eine weiche Patronatserklärung stellt dagegen lediglich eine unverbindliche Absichtserklärung des Mutterunternehmens dar. Mangels bindender Wirkung sollte sie bei der Analyse der Liquiditätslage nicht berücksichtigt werden.

79. Welche Funktionen hat die Jahresabschlussanalyse?

   A. Die Jahresabschlussanalyse hat im Wesentlichen 3 Funktionen:

      i. Informationsfunktion

     ii. Steuerungsfunktion

    iii. Kontrollfunktion

80. Was versteht man unter „debitorischen Kreditoren" und welche Auswirkungen haben sie auf die Bilanzanalyse?

   A. Debitorische Kreditoren sind Forderungen, die aber unter den Verbindlichkeiten bilanziert werden. Dies geschieht z. B., wenn ein Lieferant aufgrund eines Fehlers zu viel Geld erhält (Zahlung übersteigt Verbindlichkeit). Da der Lieferant im Buchhaltungssystem als Kreditor angelegt ist, wird der Saldo des Kreditorenkontos weiterhin unter den Verbindlichkeiten aus Lieferungen und Leistungen erfasst. Debitorische Kreditoren führen zu einer Bilanzverkürzung, was sich u. a. auf Kennzahlen, wie Anlageintensität oder Umschlagshäufigkeit des Gesamtvermögens auswirkt.

81. Aus welchen Teilergebnissen setzt sich das „Ergebnis der gewöhnlichen Geschäftstätigkeit" zusammen?
   A. Das Ergebnis der gewöhnlichen Geschäftstätigkeit setzt sich aus dem ordentlichen Betriebsergebnis und dem Finanzergebnis zusammen. Nicht enthalten ist das a. o. Ergebnis, die Steuern vom Einkommen und vom Ertrag und die sonstigen Steuern, wobei letztere häufig in das ordentliche Betriebsergebnis umgegliedert werden (vgl. § 275 HGB).

82. Worin unterscheiden sich Eigen- und Fremdkapital?
   A. Wesentliche Unterschiede bestehen hinsichtlich der
      i. Fristigkeit: Eigenkapital steht dem Unternehmen dauerhaft zur Verfügung, während die Nutzung von Fremdkapital zeitlich begrenzt ist.
      ii. Verzinsung: Fremdkapitalgeber haben Anspruch auf eine erfolgsunabhängige Verzinsung. Eigenkapitalgeber sind dagegen an Gewinn und Verlust beteiligt.
      iii. Rangfolge: Im Falle einer Insolvenz wird das Fremdkapital vorrangig bedient. Erst wenn alle Schulden beglichen wurden, wird das Eigenkapital bedient.
      iv. Mitsprache und Eigentum: Das Stammkapital, als Komponente des Eigenkapitals, ist mit diversen Mitspracherechten verbunden (z. B. Aktionärsrechte auf einer Hauptversammlung). Stammkapitalgeber sind die Eigentümer des Unternehmens. Fremdkapitalgeber haben dagegen kein Eigentum am Unternehmen und keine Mitspracherechte.
      v. Besteuerung: Aufwendungen für Fremdkapital (Zinsen) sind in der Regel steuerlich abzugsfähig (Ausnahme: Zinsschranke). Gewinnausschüttungen stellen dagegen keine Betriebsausgaben dar.

83. Welche Ansatzvoraussetzungen müssen erfüllt sein, um einen immateriellen Vermögenswert im IFRS-Abschluss bilanzieren zu können?
   A. IAS 38.21 nennt zwei Ansatzvoraussetzungen, die kumulativ erfüllt sein müssen:
      i. Wahrscheinlichkeit, dass dem Unternehmen aus der Nutzung des immateriellen Vermögenswerts ein zukünftiger wirtschaftlicher Nutzen zufließt.
      ii. Die Anschaffungs- und Herstellungskosten müssen verlässlich bewertet werden können.

84. Was ist bezüglich der Gewinnverwendung bei einer Unternehmergesellschaft (haftungsbeschränkt) zu beachten, wenn das Stammkapital weniger als 25 TEUR beträgt?
   A. Gem. § 5a Abs. 3 GmbHG ist ein Viertel des um etwaige bestehende Verlustvorträge geminderten Jahresüberschusses in eine gesetzliche Rücklage einzustellen.

85. Nennen Sie Beispiele dafür, wie sich Sale & Lease back von Sachanlagevermögen auf Bilanzkennzahlen auswirkt.
   A. Sale & Lease back von Sachanlagevermögen hat u. a. Auswirkungen auf folgende Bilanzkennzahlen:
      i. die Anlagenintensität sinkt,
      ii. der Anlagendeckungsgrad steigt,
      iii. die Liquiditätsgrade steigen,
      iv. die Abschreibungsquote sinkt.

86. Was sind die Bestandteile eines IFRS Abschlusses?
   A. Gem. IAS 1.10 besteht ein vollständiger IFRS-Abschluss aus:
      i. Bilanz
      ii. Gesamtergebnisrechnung
      iii. Eigenkapitalveränderungsrechnung
      iv. Kapitalflussrechnung
      v. Anhang
      vi. Bilanz zu Beginn der frühesten Vergleichsperiode, wenn ein Unternehmen eine Rechnungslegungsmethode rückwirkend anwendet oder Posten im Abschluss rückwirkend anpasst oder umgliedert.

87. Was versteht man unter „Mezzanine Kapital"? Wie wird es in der Bilanzanalyse behandelt?
   A. „Mezzanine Kapital" ist eine Mischform aus Eigen- und Fremdkapital. Je nach vertraglicher und wirtschaftlicher Ausgestaltung wird „Mezzanine Kapital" in der Bilanzanalyse entweder dem Eigen- oder Fremdkapital zugeordnet. Beispiele sind Nachrangdarlehen, Wandelanleihen etc.

88. Wie ist eine HGB-Bilanz mit Blick auf die Fristigkeit i. d. R. zeitlich gegliedert?
   A. Die Gliederung erfolgt in abnehmender zeitlicher Reihenfolge. Zunächst kommen die langfristigen Werte (z. B. Anlagevermögen), anschließend die kurzfristigen (z. B. liquide Mittel).

89. Enthält ein Lagebericht Informationen, die für die Bilanzanalyse wichtig sein können? Wenn ja, welche?
   A. Der Lagebericht enthält eine Reihe von Informationen, die bei der Interpretation von Bilanzkennzahlen helfen:
      i. Angaben über Ereignisse nach dem Bilanzstichtag. So sollten größere Verluste nach dem Abschlussstichtag, die zum Abfluss liquider Mittel führen (z. B. gravierender Forderungsausfall, Schadensereignis) bei der Interpretation des Working Capital und der Liquiditätsgrade berücksichtigt werden.
      ii. Aus dem Risikobericht lassen sich Informationen über die bestehenden Unternehmensrisiken gewinnen. Je höher das Unternehmensrisiko, desto höher sollte das Eigenkapital (als Risikopuffer) sein.

90. Welche Probleme bestehen bei der Berechnung der Umschlagshäufigkeit der Forderungen, wenn das Unternehmen nicht innerhalb Deutschlands sondern auch weltweit exportiert?

   A. Forderungen werden in der Bilanz brutto ausgewiesen, Umsatzerlöse netto. Um hier eine gleiche Berechnungsbasis zu erreichen, werden die Umsatzerlöse in der Regel mit dem Umsatzsteuersatz multipliziert. Bei einem weltweit exportierenden Unternehmen kommt es aber zu steuerfreien Ausfuhrlieferungen. Hier sind die Forderungen ebenfalls netto erfasst. Die mit diesen Forderungen korrespondierenden Umsatzerlöse dürfen also nicht mit dem Umsatzsteuersatz multipliziert werden. In der Bilanz ist allerdings nicht zu erkennen, welche Umsätze und Forderungen auf steuerfreie Ausfuhrlieferungen basieren. Hier müssen Informationen aus dem Anhang und aus der geografisch gegliederten Segmentberichterstattung genutzt werden.

91. Zu den GoB gehört auch das Prinzip der „Bewertungsstetigkeit". Was versteht man hierunter und welche Bedeutung hat es für die Bilanzanalyse?

   A. Man unterscheidet zwei Arten der Bewertungsstetigkeit, die materielle und die formale Stetigkeit. Beide sind wichtig für die Bilanzanalyse, da es ohne Bewertungsstetigkeit zu nicht mehr nachvollziehbaren bilanzpolitischen Gestaltungen kommen könnte:
      i. Die materielle Stetigkeit besagt, dass gewählte Bewertungsmethoden beibehalten werden müssen.
      ii. Die formale Stetigkeit besagt, dass Postenbezeichnungen, Zusammensetzungen und Gliederungen beibehalten werden müssen.

92. Worin unterscheiden sich Rückstellung und Eventualverbindlichkeit im IFRS-Abschluss?

   A. Bei einer Eventualverbindlichkeit hängt die Existenz vom Eintritt eines künftigen Ereignisses ab bzw. ist der Abfluss von Ressourcen nicht wahrscheinlich oder nicht verlässlich abschätzbar. Rückstellungen sind dagegen Schulden, bei denen Fälligkeitszeitpunkt oder Höhe ungewiss sind. Rückstellungen müssen, Eventualverbindlichkeiten dürfen nicht bilanziert werden (vgl. IAS 37.10).

93. Wie können sich Wechselkursschwankungen auf die Bilanz auswirken?

   A. Bei Vermögensgegenständen und Schulden mit einer Restlaufzeit von weniger als einem Jahr kann die Währungsumrechnung zu nicht realisierten Gewinnen und Verlusten führen. Diese sind in den sonstigen betrieblichen Erträgen bzw. Aufwendungen zu erfassen. Die Währungsumrechnung kann somit zu höheren oder niedrigen Bilanzpositionen führen und das ordentliche Betriebsergebnis beeinflussen.

94. Im IFRS-Abschluss wird zwischen Operating und Finance Lease unterschieden. Nennen Sie drei Beispiele für Situationen bzw. Indikatoren die auf ein Finanzierungs-Leasingverhältnis hindeuten.

   A. Folgende Situationen bzw. Indikatoren deuten auf ein Finanzierungs-Leasingverhältnis hin (vgl. IA7.10 und 11):

     i. Übertragung des rechtlichen Eigentums am Ende der Laufzeit

     ii. Günstige Kaufoption

    iii. Laufzeit umfasst den überwiegenden Teil der wirtschaftlichen Nutzungsdauer

    iv. Barwert der Mindestleasingzahlungen entspricht im Wesentlichen dem beizulegenden Zeitwert

     v. Spezielle Beschaffenheit der Leasinggegenstände, so dass sie nur vom Leasingnehmer genutzt werden können

    vi. Verluste aus vorzeitiger Kündigung sind vom Leasingnehmer zu tragen

    vii. Gewinne / Verluste durch Schwankungen des beizulegenden Zeitwerts des Restwerts fallen dem Leasingnehmer zu

   viii. Option auf günstige Mietverlängerung

95. Nennen Sie drei Kriterien, die erfüllt sein müssen, um Erlöse aus dem Verkauf von Gütern im IFRS-Abschluss zu erfassen.

   A. IAS 18.14 nennt fünf Kriterien die kumulativ erfüllt sein müssen, damit Erlöse aus dem Verkauf von Gütern erfasst werden können:

     i. Übertragung der maßgeblichen Risiken und Chancen aus dem Eigentum an dem Käufer,

    ii. Verkäufer behält keine Verfügungsrechte bzw. Verfügungsmacht,

   iii. die Höhe der Erlöse kann verlässlich bestimmt werden,

   iv. Wahrscheinlichkeit, dass dem Unternehmen ein wirtschaftlicher Nutzen aus dem Geschäft zufließt,

    v. die mit dem Verkauf angefallenen oder noch anfallenden Kosten können verlässlich bestimmt werden.

96. In welchem Cashflow sind gezahlte und erhaltene Zinsen bei einem Industrieunternehmen im IFRS-Abschluss zu erfassen?

   A. Gem. IAS 7.33 können gezahlte und erhaltene Zinsen im Cashflow aus betrieblicher Tätigkeit oder alternativ im Cashflow aus Finanzierungs- oder Investitionstätigkeit erfasst werden.

97. Ein Unternehmen hat einen endfälligen Kredit abgeschlossen. Die Zinszahlungen betragen 5 Mio. Euro pro Jahr. Wie werden die in der nächsten Berichtsperiode anfallenden Zinsen bei der Berechnung der Liquiditätsgrade und des Working Capital berücksichtigt?

   A. Gar nicht! Es gilt das Stichtagsprinzip.

98. Welche Ausweismöglichkeiten bestehen für Zuwendungen der öffentlichen Hand für Vermögenswerte (Investitionszuwendungen) im IFRS-Abschluss?

   A. Gem. IAS 20.24 bestehen zwei Ausweismöglichkeiten:

i. Aktivische Absetzung, d. h. die Zuwendung wird vom Buchwert des Vermögenswerts abgesetzt oder

ii. Erfassung als passivischer Abgrenzungsposten

99. Welche Kategorien von finanziellen Vermögenswerten gibt es im IFRS Abschluss?
   A. IAS 39.9 nennt vier verschiedene Kategorien:
      i. Finanzieller Vermögenswert erfolgswirksam zum beizulegenden Zeitwert,

      ii. bis zur Endfälligkeit zu haltende Finanzinvestition,

      iii. Kredite und Forderungen,

      iv. zur Veräußerung verfügbare finanzielle Vermögenswerte.

100. Der Jahresüberschuss eines Unternehmens beträgt 1 Mio. Euro. Das Unternehmen hat 10 Mio. Aktien zum Nennwert von 5 Euro emittiert, wobei allen Aktien die gleichen Rechte zustehen. Wie hoch sind die Earnings per Share?
   A.   Die Earnings per Share (Ergebnis je Aktie) sind 1 Mio. Euro / 10 Mio. Euro = 0,10 Euro je Aktie.

5 Ausführliche Beispielaufgaben

Im Folgenden werden zwei typische Aufgaben, wie sie in der Teil C Prüfung auftreten können, eingehend vorgestellt. Hierzu erfolgt nicht nur eine ausführliche Herleitung der Musterlösung, es werden auch Beispiel für Präsentationsfolien und den mündlichen Präsentationsvortrag gegeben. Am zweiten Beispielfall schließt sich eine kurze Simulation des anschließenden Prüfungsgesprächs an.

5.1 Beispielaufgabe 1

5.1.1 Aufgabe

Beigefügt erhalten Sie die Bilanz und GuV der A-AG sowie einen Auszug aus dem Anhang.

Aufgaben:
1. Erstellen Sie eine Strukturbilanz für die A-AG. Erläutern Sie eventuelle Umgliederungen und Saldierungen.

2. Analysieren sie die Finanzlage der A-AG. Berechnen und kommentieren Sie hierzu die folgenden Kennzahlen:

   a. Liquidität 1. Grades
   b. Liquidität 3. Grades
   c. Net Working Capital
   d. Brutto-Cashflow
   e. Dynamischen Verschuldungsgrad

Aktiva (in TEUR)		Passiva (in TEUR)	
A. Anlagevermögen		A. Eigenkapital	
I. Immaterielle Vermögensgegenstände	15.736	I. Gezeichnetes Kapital	182.656
II. Sachanlagen	128.494	II. Kapitalrücklage	101.656
III. Finanzanlagen	572.116	III. Gewinnrücklagen	200.678
B. Umlaufvermögen		IV. Bilanzgewinn	36.458
I. Vorräte	169.190	B. Sonderposten mit Rücklageanteil	5.250
II. Forderungen und sonstige Vermögensgegenstände	205.700	C. Rückstellungen	
III. Kasse, Bank	4.200	1. Rückstellungen für Pensionen und ähnliche Verpflichtungen	95.290
C. Rechnungsabgrenzungsposten	2.332	2. Sonstige Rückstellungen	150.166
D. Aktive latente Steuern	210.000	D. Verbindlichkeiten	
E. Aktiver Unterschiedsbetrag aus der Vermögensverrechnung	200	1. Verbindlichkeiten gegenüber Verbindlichkeiten gegenüber verbundenen Unternehmen	490.576
		2. Verbindlichkeiten aus Lieferungen und Leistungen	30.756
		3. Sonstige Verbindlichkeiten	14.482
Summe	1.307.968	Summe	1.307.968

Gewinn- und Verlustrechnung 1.1.- 31.12. (in TEUR)	
1. Umsatzerlöse	1.275.204
2. Veränderungen des Bestands an fertigen und unfertigen Erzeugnissen	1.864
3. Andere aktivierte Eigenleistungen	4.210
4. Gesamtleistung	1.281.278
5. Sonstige betriebliche Erträge	138.612
6. Materialaufwand	797.364
7. Personalaufwand	246.910
8. Abschreibungen auf immaterielle Vermögensgegenstände des Anlagevermögens und auf Sachanlagen	28.268
9. Sonstige betriebliche Aufwendungen	309.856
10. Finanzergebnis	43.406
11. Ergebnis der gewöhnlichen Geschäftstätigkeit	80.898
12. Steuern vom Einkommen und vom Ertrag	17.978
13. Sonstige Steuern	1.462
14. Jahresüberschuss	61.458
15. Entnahme aus / Einstellung in Gewinnrücklagen	-25.000
16. Bilanzgewinn	36.458

Auszug aus dem Anhang der A-AG

Immaterielle Vermögensgegenstände

Die immateriellen Vermögensgegenstände setzen sich wie folgt zusammen:

Erworbene Patente	14.000 TEUR
Erworbener Firmenwert	1.500 TEUR
Erworbene Software	236 TEUR
	15.736 TEUR

Forderungen und sonstige Vermögensgegenstände

	TEUR
Forderungen aus Lieferungen und Leistungen	61.794
Forderungen gegen verbundene Unternehmen	94.842
Sonstige Vermögensgegenstände	49.064
	205.700

In den Forderungen gegen verbundene Unternehmen sind kurzfristige Forderungen aus konzerninternen Darlehen enthalten.

Aktiver Rechnungsabgrenzungsposten

Die aktiven Rechnungsabgrenzungsposten enthalten transitorische Abgrenzungen, insbesondere für Werbemaßnahmen, Disagio sowie Lizenzgebühren für Software. Die Abgrenzungen für Disagio betragen im Berichtsjahr 550 TEUR.

Bilanzgewinn

Vorstand und Aufsichtsrat der A-AG schlagen der Hauptversammlung, die über die Gewinnausschüttung der A-AG für das Berichtsjahr beschließen wird, die vollständige Ausschüttung des Bilanzgewinns vor.

Sonderposten mit Rücklageanteil

Für den Sonderposten mit Rücklageanteil wird vom Beibehaltungs- und Fortführungswahlrecht gemäß Art. 67 Abs.3 Satz 1 EGHGB Gebrauch gemacht. Der Sonderposten mit Rücklageanteil wird planmäßig ertragswirksam aufgelöst. Die Auflösung erfolgt grundsätzlich nach Ablauf des Begünstigungszeitraums linear über die Restnutzungsdauer des Anlagegenstands.

Pensionsrückstellungen

Die Rückstellungen für Pensionen und ähnliche Verpflichtungen betragen 95.290 TEUR (i.Vj.: 90.890).

Verbindlichkeiten

		Mit einer Restlaufzeit von		
	Gesamt	bis zu einem Jahr	einem bis fünf Jahren	von mehr als fünf Jahren
	TEUR	TEUR	TEUR	TEUR
Verbindlichkeiten gegenüber verbundenen Unternehmen	490.576	259.028	231.548	0
Verbindlichkeiten aus Lieferungen und Leistungen	30.756	30.756	0	0
Sonstige Verbindlichkeiten	14.482	14.482	0	0
	535.814	304.266	231.548	0

Hinweis: Der Körperschaftsteuersatz beträgt 15 % zzgl. 5,5 % Solidaritätszuschlag. Der Gewerbesteuerhebesatz beträgt 400 %.

5.1.2 Musterlösung Aufgabe 1

Zunächst erfolgen einige Ausführungen zur rechnerischen Lösung der Aufgabenstellung. Anschließend wird beispielhaft aufgezeigt, wie eine Präsentation der Aufgabe ablaufen könnte.

1. Erstellung Strukturbilanz

Aktiva		Passiva	
I. Anlagevermögen	716.346	I. Eigenkapital	277.924
II. Umlaufvermögen	380.872	II. Fremdkapital	819.294
davon liquide Mittel	4.200	davon langfristig	95.290
		davon mittelfristig	231.548
		davon kurzfristig	492.456
	1.097.218		1.097.218

| Hinweise:

Anlagevermögen

Keine Umgliederungen bzw. Saldierungen nötig. Seit der Einführung des BilMoG stellt der Geschäfts- oder Firmenwert einen zeitlich begrenzt nutzbaren Vermögensgegenstand dar.

Umlaufvermögen

Umlaufvermögen lt. Bilanz	379.090	
+ Aktiver Rechnungsabgrenzungsposten	2.332	
./. Disagio	550	(mit EK saldiert)
Umlaufvermögen lt. Strukturbilanz	**380.872**	

Aktive latente Steuern und aktiver Unterschiedsbetrag aus der Vermögensverrechnung

Die beiden Positionen stellen keine realen Vermögensgegenstände dar und werden mit dem Eigenkapital verrechnet.

Eigenkapital

Eigenkapital lt. Bilanz	521.448
./. Disagio	550
./. Aktive latente Steuern	210.000
./. Aktiver Unterschiedsbetrag aus der Vermögensverrechnung	200
./. Bilanzgewinn	36.458
+ Eigenkapitalanteil Sonderposten mit Rücklageanteil	3.684
Eigenkapital lt. Strukturbilanz	**277.924**

Sonderposten mit Rücklageanteil

Für die Berechnung des Sonderpostens mit Rücklageanteil ist zunächst der Unternehmenssteuersatz auszurechnen. Anschließend ist der Sonderposten mit Rücklageanteil auf Basis des ermittelten Unternehmenssteuersatzes in einen Eigen- und einen Fremdkapitalanteil aufzuteilen. Mangels weiterer Informationen wird der Fremdkapitalanteil dabei dem kurzfristigen Fremdkapital zugerechnet (eine Zurechnung zum mittelfristigen Fremdkapital ist aber auch nicht zu beanstanden).

Die Höhe des Körperschaftsteuersatzes und des Solidaritätszuschlags sind direkt aus der Aufgabenstellung zu entnehmen. Der Gewerbesteuersatz muss berechnet werden. Hierzu ist der Gewerbesteuerhebesatz (400 % laut Aufgabenstellung) mit der Steuermesszahl 3,5 zu multiplizieren. Der Unternehmenssteuersatz ergibt sich anschließend aus der Addition von Körperschaftsteuersatz, Solidaritätszuschlag und Gewerbesteuersatz. Es ergibt sich folgende Berechnung:

Unternehmenssteuersatz = 15 % + 5,5 % + (400 % x 3,5 %) = 29,825 %

Die Auflösung des Sonderpostens mit Rücklageanteil erhöht den Jahresüberschuss. Entsprechend fallen auf die Auflösung Steuern an. Diese stellen den Fremdkapitalanteil des Sonderpostens mit Rücklageanteil dar. Hieraus folgt folgende Aufteilung in Eigen- und Fremdkapitalanteil:

Eigenkapitalanteil des Sonderpostens mit Rücklageanteils = 5.250 x 70,175 % = 3.684

Fremdkapitalanteil des Sonderpostens mit Rücklageanteils = 5.250 x 29,825 % = 1.566

Langfristiges Fremdkapital
Das langfristige Fremdkapital besteht ausschließlich aus den Pensionsrückstellungen in Höhe von **95.290 TEUR.**

Mittelfristiges Fremdkapital
Das mittelfristige Fremdkapital ergibt sich aus dem Verbindlichkeitenspiegel (Spalte „mit einer Restlaufzeit von einem bis fünf Jahren"). Es beträgt **231.548 TEUR.**

Kurzfristiges Fremdkapital

Kurzfristiges Fremdkapital lt. Verbindlichkeitenspiegel	304.266
+ kurzfristige Rückstellung	150.166
+ Bilanzgewinn (Umgliederung wegen Ausschüttung)	36.458
+ FK Anteil SoPo (s.o.)	1.566
kurzfristiges Fremdkapital	**492.456**

2. Berechnung der Kennzahlen

Liquidität I. Grades

$$\text{Liquidität I. Grades} = \frac{\text{liquide Mittel}}{\text{kurzfristiges Fremdkapital}} \times 100 = \frac{4.200}{492.456} \times 100 = 0,85 \%$$

Liquidität III. Grades

$$\text{Liquidität III. Grades} = \frac{\text{Umlaufvermögen}}{\text{kurzfristiges Fremdkapital}} \times 100 = \frac{380.872}{492.456} \times 100 = 77 \%$$

Net Working Capital

Net Working Capital	=	Umlaufvermögen	
	./.	liquide Mittel	
	./.	kurzfristiges Fremdkapital	
	=	380.872	
	./.	4.200	
	./.	492.456	
	=	- 115.784 TEUR	

Brutto Cashflow

Brutto Cashflow	=	Jahresüberschuss	=	61.458 TEUR
	+	Abschreibungen	+	28.268 TEUR
	+	Zunahme langfristiger Rückstellungen	+	4.400 TEUR
			=	94.126 TEUR

Hinweis: Die Veränderung der langfristigen Rückstellung ergibt sich aus dem im Anhang angegebenen Vorjahreswert.

Dynamischer Verschuldungsgrad

$$\text{Dynamischer Verschuldungsgrad} = \frac{\text{Fremdkapital}}{\text{(Brutto)Cashflow}} = \frac{819.294}{94.126} = 8,7$$

Beispiel: für eine Präsentation der Aufgabe

Wie zu sehen, liegt bei dieser Aufgabe der Fokus auf der Erstellung der Strukturbilanz und der Berechnung der Kennzahlen. Dem Prüfungsteilnehmer bzw. der Prüfungsteilnehmerin wird wenig Raum für die Erstellung einer kreativen Präsentation gelassen. Selbst wenn, wie im Kapitel 2.4 gezeigt, auch Kennzahlen grafisch dargestellt werden können, wird wahrscheinlich nach den erforderlichen rechnerischen Schritten nicht mehr genug Zeit übrig bleiben, um eine ansprechende Präsentation zu entwickeln. Wichtig ist ein gutes Zeitmanagement. Für die Übertragung der Rechenergebnisse auf Folie oder Flipchart sollten 10 Minuten eingeplant werden, falls die Berechnung nicht direkt auf den entsprechenden Medien erfolgt.

1. Einleitung

Die erste Folie dient der Einleitung. Sie sollte mindestens das Thema der Präsentation und den Namen des Prüfungsteilnehmers bzw. der Prüfungsteilnehmerin enthalten.

Abbildung 5.1   Beispielfolie zur Eröffnung der Präsentation

Erstellung einer Strukturbilanz
und
Berechnung ausgewählter Kennzahlen

von Max Mustermann

Verbale Erläuterung: Sehr geehrte Damen und Herren, ich heiße Max Mustermann und stelle mich heute der hoffentlich letzten Prüfung zum Erreichen des Bilanzbuchhalters. Ich habe mich für das Thema 2 entschieden, in dem die Erstellung einer Strukturbilanz und die Berechnung einiger Kennzahlen gefordert war. Auf dem Flipchart hier habe ich Ihnen kurz den Inhalt meiner Präsentation skizziert.

Abbildung 5.2   Beispiel einer Flipchart-Darstellung der Präsentationsagenda

     i.   Einleitung
    ii.   Erstellung einer Strukturbilanz
   iii.   Berechnung ausgewählter Kennzahlen
         1.   Liquidität I. Grades
         2.   Liquidität III. Grades
         3.   Net Working Capital
         4.   Brutto-Cashflow
         5.   Dynamischer Verschuldungsgrad

2. Erstellung einer Strukturbilanz

Verbale Erläuterung: Bevor wir zur eigentlichen Strukturbilanz kommen, möchte ich kurz erläutern, warum eine Strukturbilanz aufgestellt wird. Eine Strukturbilanz hat drei wesentliche Funktionen. Erstens bietet sie eine bessere Übersichtlichkeit, da die wichtigsten Bilanzpositionen – Anlage- und Umlaufvermögen, Eigen- und Fremdkapital – kompakt dargestellt werden. Zweitens wird das Fremdkapital zeitlich gegliedert dargestellt, und zwar als langfristiges, mittelfristiges und kurzfristiges Fremdkapital. Kurzfristig ist dabei alles mit einer Restlaufzeit von weniger als einem Jahr. Als langfristiges Fremdkapital gilt alles mit einer Restlaufzeit von mehr als fünf Jahren. Die zeitliche Gliederung ist vor allem für die Berechnung einiger Kennzahlen wie z. B. den Liquiditätsgraden, dem Working

Capital oder dem Anlagendeckungsgrad II von Bedeutung. Drittens werden bei der Erstellung der Bilanzposition diverse Umgliederungen und Saldierungen vorgenommen. Die Umgliederung, z. B. der Rechnungsabgrenzungsposten in Umlaufvermögen oder Fremdkapital dient der Schaffung der schon erwähnten besseren Übersichtlichkeit. Die Saldierungen dienen dazu, Bilanzpositionen ohne echten Vermögensgegenstands- bzw. Schuldcharakter zu eliminieren. Ein Beispiel hierfür sind die aktiven latenten Steuern. Obwohl diese bilanziert werden dürfen, stellen sie dennoch keine werthaltige Forderung gegen das Finanzamt dar. Sie sind i. d. R. nicht veräußerbar. Aktive latente Steuern werden daher mit dem Eigenkapital saldiert.

Für die A-AG ergibt sich folgende Strukturbilanz:

> **Hinweis:** Es bietet sich an, die Strukturbilanz auf dem Flipchart darzustellen. Man kann dann mittels Overheadprojektor die Zusammensetzung der einzelnen Positionen erläutern. Wird beides auf einem Medium dargestellt, muss man immer zwischen Strukturbilanz und Berechnung hin und her wechseln.

Abbildung 5.3   Beispieldarstellung der Strukturbilanz der A-AG

Aktiva		Passiva	
I. Anlagevermögen	716.346	I. Eigenkapital	277.924
II. Umlaufvermögen	380.872	II. Fremdkapital	819.294
davon liquide Mittel	4.200	davon langfristig	95.290
		davon mittelfristig	231.548
		davon kurzfristig	492.456
	1.097.218		1.097.218

Verbale Erläuterung: Hier sehen Sie die Strukturbilanz der A-AG. Das Anlagevermögen entspricht dem bilanziellen Anlagevermögen; Umgliederungen und Saldierungen waren nicht nötig. Beim Umlaufvermögen wurde der aktive Rechnungsabgrenzungsposten hinzugerechnet, wobei das Disagio mit dem Eigenkapital saldiert wurde. Ich habe dies hier nochmals kurz dargestellt.

Abbildung 5.4   Beispielfolie zur Berechnung des Umlaufvermögens
                      für die Strukturbilanz

Umlaufvermögen

Umlaufvermögen lt. Bilanz	379.090	
+ Aktiver Rechnungsabgrenzungsposten	2.332	
./. Disagio	550	(mit EK saldiert)
Umlaufvermögen lt. Strukturbilanz	**380.872**	

Verbale Erläuterung: Neben dem Disagio werden auch die aktiven latenten Steuern und der aktive Unterschiedsbetrag aus der Vermögensverrechnung mit dem Eigenkapital saldiert. Über die Saldierung der aktiven latenten Steuern hatte ich vorhin ja schon gesprochen. Der aktive Unterschiedsbetrag aus der Vermögensverrechnung stellt zwar einen Vermögensgegenstand dar, doch ist dieser weitestgehend der Verfügung des Unternehmens entzogen. Er dient zur Sicherung von Altersvorsorgeverpflichtungen.

Verbale Erläuterung: Der in der Bilanz ausgewiesen Sonderposten mit Rücklageanteil wird in der Bilanz in einen Eigen- und einen Fremdkapitalanteil aufgeteilt. Die Aufteilung erfolgt auf Basis des unternehmensindividuellen Steuersatzes. In der Aufgabenstellung waren Körperschaftsteuersatz und Solidaritätszuschlag genannt. Für die Gewerbesteuer waren die notwendigen Informationen für die Berechnung gegeben. Der Hebesatz von 400 % ist mit der Messzahl von 3,5 % zu multiplizieren. Wie auf dieser Folie zu sehen, ergibt sich somit ein Unternehmenssteuersatz von 29,825 %

Abbildung 5.5   Darstellung der Aufteilung des Sonderpostens in Eigen- und
                      Fremdkapital

Berechnung des Unternehmenssteuersatzes

und

Aufteilung des SoPo

Unternehmenssteuersatz= 15% + 5,5% + (400% x 3,5%) = $\underline{29,825\%}$

Eigenkapitalanteil des Sonderpostens mit Rücklageanteils = 5.250 x 70,175% = $\underline{3.684}$
Fremdkapitalanteil des Sonderpostens mit Rücklageanteils = 5.250 x 29,825% = $\underline{1.566}$

Verbale Erläuterung: Auf Basis des Unternehmenssteuersatzes ist der Sonderposten mit Rücklageanteil dann in Eigen- und Fremdkapital aufzuteilen.

Gemäß dem Verbindlichkeitenspiegel verfügt die A-AG über keine langfristigen Verbindlichkeiten mit einer Restlaufzeit von mehr als fünf Jahren. Von daher habe ich hier lediglich die Pensionsrückstellungen dem langfristigen Fremdkapital zugeordnet. Das mittelfristige Fremdkapital lässt sich direkt aus dem Verbindlichkeitenspiegel ablesen. Beim kurzfristigen Fremdkapital sind hingegen einige Modifikationen vorzunehmen.

Abbildung 5.6   Beispielfolie zur Ermittlung des kurzfristigen Fremdkapitals für die Strukturbilanz

Kurzfristiges Fremdkapital

Kurzfristiges Fremdkapital lt. Verbindlichkeitenspiegel	304.266
+ kurzfristige Rückstellung	150.166
+ Bilanzgewinn (Umgliederung wegen Ausschüttung)	36.458
+ FK Anteil SoPo (s.o.)	1.566
kurzfristiges Fremdkapital	**492.456**

Verbale Erläuterung: Zu dem im Verbindlichkeitenspiegel ausgewiesenen kurzfristigen Fremdkapital sind noch die kurzfristigen Rückstellungen und der ermittelte Fremdkapitalanteil des SoPos hinzuzurechnen. Da der Bilanzgewinn ausgeschüttet werden soll, wird er ebenfalls dem kurzfristigen Fremdkapital zugeordnet. Somit ergibt sich ein kurzfristiges Fremdkapital von 492.456 TEUR. Nachdem nun das Vermögen und die Schulden dargestellt wurden, verbleibt als Saldo noch das Eigenkapital. Wie auf der folgenden Folie zu sehen, ergibt sich das Eigenkapital der Strukturbilanz aus dem bilanziellen Eigenkapital und den zuvor angesprochenen Saldierungen.

Abbildung 5.7   Beispielfolie zur Ermittlung des Eigenkapitals für die Strukturbilanz

---

Eigenkapital

Eigenkapital lt. Bilanz	521.448
./. Disagio	550
./. Aktive latente Steuern	210.000
./. Aktiver Unterschiedsbetrag aus der Vermögensverrechnung	200
./. Bilanzgewinn	36.458
+ Eigenkapitalanteil Sonderposten mit Rücklageanteil	3.684
Eigenkapital lt. Strukturbilanz	**277.924**

---

3. Berechnung der Kennzahlen

Hinweis: Normalerweise sollte eine Kennzahl pro Folie dargestellt werden. Allerdings sind bisher bereits sieben Folien / Flipchart-Darstellungen verwendet worden und es ist fraglich, ob genügend Zeit für eine ausführliche Darstellung pro Kennzahl verbleibt. Hier ist klar im Vorteil, wer die Berechnung bereits auf Folie und nicht auf Konzeptpapier durchgeführt hat. Auch wenn in der Aufgabenstellung nicht explizit gefordert, sollte das Ergebnis je Kennzahl kurz erläutert werden.

Verbale Erläuterung: Kommen wir nun zu den in der Aufgabenstellung genannten Kennzahlen. Hier war zunächst die Berechnung der Liquidität I. Grades gefragt.

Abbildung 5.8   Beispieldarstellung zur Berechnung der Liquidität I. Grades

$$\text{Liquidität I. Grades} = \frac{\text{Liquide Mittel}}{\text{kurzfristiges Fremdkapital}} \times 100 = \frac{4.200}{492.456} \times 100 = 0,85\,\%$$

Verbale Erläuterung: Die Liquidität I. Grades berechnet sich aus den liquiden Mitteln geteilt durch das kurzfristige Fremdkapital. Im Beispiel ist die Liquidität I. Grades extrem niedrig. Lehrbuchmäßig wird häufig ein Wert von um die 30 % genannt. Als nächstes war nach der Liquidität III. Grades gefragt. Hierzu wird das gesamte Umlaufvermögen durch das kurzfristige Fremdkapital dividiert.

Abbildung 5.9   Beispieldarstellung zur Ermittlung der Liquidität III. Grades

$$\text{Liquidität III. Grades} = \frac{\text{Umlaufvermögen}}{\text{kurzfristiges Fremdkapital}} \times 100 = \frac{380.872}{492.456} \times 100 = 77\,\%$$

Verbale Erläuterung: Auch die Liquidität III. Grades ist sehr niedrig. Hier wird häufig ein Richtwert von 200 % genannt. Das gesamte Umlaufvermögen der A-AG reicht nicht aus, um die bestehenden kurzfristigen Verbindlichkeiten zu decken. Die A-AG hat somit ein gravierendes Liquiditätsproblem. Allerdings ist zu beachten, dass ein wesentlicher Teil der Verbindlichkeiten gegen verbundene Unternehmen bestehen. Hier ist eher mit verlängernden Zahlungszielen oder der Gewährung von Krediten zu rechnen. Die vorhandenen liquiden Mittel reichen bei weitem nicht aus, um eine Ausschüttung des Bilanzgewinns vorzunehmen. Da die Liquidität III. Grades kleiner als 100 % ist, lässt sich bereits voraussagen, dass das Net Working Capital negativ ist.

Abbildung 5.10   Beispieldarstellung zur Berechnung des Net Working Capital

Net Working Capital	=	Umlaufvermögen	=	380.872 TEUR
	./.	liquide Mittel	./.	4.200 TEUR
	./.	kurzfristiges Fremdkapital	./.	492.456 TEUR
			=	- 115.784 TEUR

Verbale Erläuterung: Das negative Net Working Capital unterstreicht noch einmal die prekäre Finanzlage der A-AG. Umso erstaunlicher ist es, dass die A-AG über einen relativ hohen Brutto-Cashflow verfügt.

Abbildung 5.11   Beispielfolie zur Berechnung des Brutto Cashflows

Brutto Cashflow	=	Jahresüberschuss	=	61.458 TEUR
	+	Abschreibungen	+	28.268 TEUR
	+	Zunahme langfristiger Rückstellungen	+	4.400 TEUR
			=	94.126 TEUR

Verbale Erläuterung: Wie zu sehen, erwirtschaftet die A-AG einen relativ hohen Brutto-Cashflow. Dieser würde theoretisch die zum Bilanzstichtag vorhandenen Schulden in

weniger als neun Jahren tilgen können, wie man anhand des dynamischen Verschuldungsgrads erkennen kann.

Abbildung 5.12 Beispielfolie zur Berechnung des dynamischen Verschuldungsgrades

$$\text{Dynamischer Verschuldungsgrad} = \frac{\text{Fremdkapital}}{\text{(Brutto)Cashflow}} = \frac{819.294}{94.126} = 8,7$$

Verbale Erläuterung: Lehrbuchmäßig wird allerdings ein dynamischer Verschuldungsgrad
von 3-4 empfohlen. Abschließend lässt sich sagen, dass das deutlichste Problem der A-AG
im Bereich der kurzfristigen Finanzlage liegt. Die A-AG sollte hier versuchen, kurzfristige
in langfristige Verbindlichkeiten umzuwandeln. Am schnellsten kann dies wahrscheinlich
in dem Bereich der Verbindlichkeiten gegenüber verbundenen Unternehmen geschehen.
Auch sollte genau geprüft werden, ob eine Ausschüttung des Bilanzgewinns bei der derzeitigen Finanzlage wirklich angebracht ist. Damit komme ich zum Ende meines Vortrags
und bedanke mich bei Ihren für Ihre Aufmerksamkeit.

5.2   Beispielaufgabe 2

5.2.1   Aufgabe

Als Bilanzbuchhalter werden Sie gebeten, im Rahmen eines Abendkurses der Erwachsenenbildung eine Präsentation zum Thema „Bilanzanalyse" zu halten. Ihre
Präsentation soll die folgenden Themengebiete umfassen:

- Überblick über die Funktionen der Jahresabschlussanalyse

- Erläuterungen zum Sinn und Zweck einer Strukturbilanz

- Erläuterungen von je 2 Kennzahlen zur

  – Vermögenslage
  – Finanzlage
  – Ertragslage

- Überblick über die Herausforderungen beim bilanzanalytischen Vergleich einer IFRS-
  mit einer HGB-Bilanz

- Kurze Darstellung, wie sich Änderungen von Verbrauchs- und Ertragssteuersätzen auf
  die Bilanzanalyse auswirken

5.2.2   Musterlösung 2

Hinweis: Im Gegensatz zu der vorangegangenen Aufgabe sind bei dieser Aufgabe gar keine Berechnungen vorzunehmen. Überhaupt ist die Aufgabenstellung sehr weit gefasst. Anstelle von genauen Vorgaben ist es zum Teil dem Prüfungsteilnehmer bzw. der Prüfungsteilnehmerin selbst überlassen zu entscheiden, was präsentiert werden soll. Insofern sollte sich der Prüfungsteilnehmer bzw. die Prüfungsteilnehmerin kurz (maximal 5 Minuten) Gedanken darüber machen, was und wie er bzw. sie präsentieren möchte. Die restliche Zeit sollte für die Vorbereitung der Präsentation verwendet werden.

Beispiel: für eine Präsentation der Aufgabe

1. Einleitung
Die erste Folie dient zur Einleitung und Eröffnung der Präsentation.

Abbildung 5.13   Beispielfolie zur Eröffnung der Präsentation

Einführung in die Bilanzanalyse
von Max Mustermann

Verbale Erläuterung: Sehr geehrte Damen und Herren, ich darf Sie herzlich zu meinem Vortrag – Einführung in die Bilanzanalyse – hier in den Räumen der IHK Musterstadt begrüßen. Mein Name ist Max Mustermann und ich werde Sie jetzt in den nächsten 15 Minuten mit dem Thema Bilanzanalyse vertraut machen. Im Anschluss an die Präsentation stehe ich Ihnen gerne noch für Fragen zur Verfügung.

Gliederung

Hinweis: Die Gliederung ergibt sich weitestgehend aus der Aufgabenstellung und kann so übernommen werden. Es ist sinnvoll, die Gliederung mittels Flipchart darzustellen. So bleibt sie die ganze Zeit über sichtbar und dient Vortragendem und Zuhörern zur Orientierung.

Abbildung 5.14   Beispieldarstellung einer Flipchart-Darstellung der Präsentationsagenda

   i.   Einleitung

   ii.   Überblick über die Funktionen der Jahresabschlussanalyse

   iii.   Erläuterungen zum Sinn und Zweck einer Strukturbilanz

   iv.   Erläuterungen von je 2 Kennzahlen zur

        1. Vermögenslage

        2. Finanzlage

        3. Ertragslage

   v.   Überblick über die Herausforderungen beim bilanzanalytischen Vergleich einer IFRS mit

        einer HGB Bilanz

   vi.   Kurze Darstellung, wie sich Auswirkungen der Änderungen von Verbrauchs- und Er-

        tragssteuersätzen auf die Bilanzanalyse auswirken

   vii.   Fazit

Verbale Erläuterung: Hier sehen Sie die Themen des heutigen Vortrags. Wir werden uns zunächst mit den Grundlagen der Bilanzanalyse beschäftigen, ehe wir zu den etwas kniffligeren Themen IFRS und Steuern kommen.

2. Funktionen der Jahresabschlussanalyse
Die Funktionen der Jahresabschlussanalyse lassen sich entweder als Aufzählung oder mittels einer Grafik darstellen:

Abbildung 5.15   Beispielfolie zu den Funktionen der Jahresabschlussanalyse
                     (Aufzählung)

   Funktionen der Jahresabschlussanalyse:

   •   Informationsfunktion

   •   Kontrollfunktion

   •   Steuerungsfunktion

Abbildung 5.16   Beispielfolie zu den Funktionen der Jahresabschlussanalyse
(grafische Darstellung)

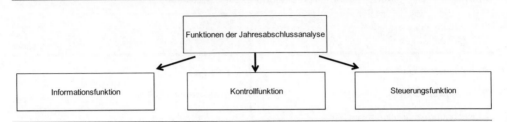

> **Hinweis:** Anstelle einer Folie können zur grafischen Darstellung auch Farbkarten und Pinnwand benutzt werden. In diesem Falle ist darauf zu achten, dass die Pinnwand nicht zu weit vom Prüfungsausschuss entfernt steht, da die Darstellungen sonst nur schwer lesbar sind. Die Karten sollten einzeln im Verlauf des Vortrags an der Pinnwand befestigt werden.

Verbale Erläuterung: Die Jahresabschlussanalyse hat verschiedene Funktionen, oder anders ausgedrückt, sie erfüllt verschiedene Zwecke. Hier ist zunächst einmal die Informationsfunktion zu nennen. Eine Bilanz – zumal von einer großen Kapitalgesellschaft – beinhaltet in der Regel ein umfangreiches Zahlenwerk. Die Bilanz- bzw. Jahresabschlussanalyse hilft hier, einen raschen Überblick über die Vermögens-, Finanz- und Ertragslage des Unternehmens zu gewinnen. Dies wird dadurch erreicht, dass verschiedene Bilanzpositionen zu sogenannten Bilanzkennzahlen zusammengezogen werden. Die Bilanzkennzahlen erleichtern auch den Unternehmensvergleich.

Neben der Informationsfunktion besitzt die Jahresabschlussanalyse auch eine Kontrollfunktion. Die Unternehmensführung erhält häufig auf monatlicher Basis einen sogenannten MIS Report, wobei MIS für Management Information System steht. Dieser Report setzt sich aus einer Reihe von Kennzahlen zusammen. Über einen Zeitreihenvergleich oder einen Soll-Ist Vergleich lässt sich so die wirtschaftliche Entwicklung bzw. Leistung eines Unternehmens kontrollieren. Neben dieser unternehmensinternen Kontrollfunktion kommt der Bilanzanalyse auch eine externe Kontrollfunktion zu. So überwachen zum Beispiel Banken in der Regel die wirtschaftliche Entwicklung ihrer Schuldner mittels diverser Kennzahlen. Teilweise werden Mindestvorgaben für bestimmte Kennzahlen auch direkt zum Vertragsbestandteil eines Kreditvertrags gemacht. Man spricht dann von Financial Covenants.

Als letzte Funktion ist die Steuerungsfunktion zu nennen. Die bilanzanalytischen Kennzahlen unterstützen das Management auch bei der Steuerung des Unternehmens. So können zum Beispiel einzelnen Unternehmensteilen bestimmte Mindestrenditen als Ziel vorgegeben werden.

3. Erläuterungen zur Strukturbilanz

Abbildung 5.17   Beispielfolie „Von der Bilanz zur Strukturbilanz"

Aktiva	Passiva
A. Anlagevermögen	A. Eigenkapital
B. Umlaufvermögen	B. Rückstellungen
C. Rechnungsabgrenzungsposten	C. Verbindlichkeiten
D. Aktive latente Steuern	D. Rechnungsabgrenzungsposten
E. Aktiver Unterschiedsbetrag aus der Vermögensverrechnung	E. Passive latente Steuern

Aktiva	Passiva
Anlagevermögen	Eigenkapital
Umlaufvermögen	Fremdkapital
Davon liquide Mittel	langfristig
	mittelfristig
	kurzfristig

Verbale Erläuterung: Wie in Abbildung 5.17 zu sehen, besteht eine Bilanz aus mehreren verschiedenen Bilanzpositionen auf der Aktiv- und Passivseite. Diese werden in der Realität weiter unterteilt, etwa das Anlagevermögen in immaterielle Vermögensgegenstände des Anlagevermögens, Sachanlagevermögen und Finanzanlagevermögen. Auch diese Positionen werden unterteilt, z. B. das Sachanlagevermögen in Grundstücke und Bauten, technische Anlagen und Maschinen etc. Diese Zergliederung der Bilanzpositionen geht zu Lasten der Übersichtlichkeit. Ein Ziel bei der Aufstellung der Strukturbilanz ist es daher, die Bilanzpositionen zusammenzufassen. So spielt z. B. die Unterscheidung von Rückstellungen und Verbindlichkeiten für die Berechnung der meisten Bilanzkennzahlen keine Rolle. Die beiden Bilanzpositionen und der passive Rechnungsabgrenzungsposten können daher als Position „Fremdkapital" zusammengefasst werden. Dagegen ist es − etwa für die Berechnung der Liquiditäts- oder Anlagendeckungsgrade − wichtig zu wissen, welcher Teil des Fremdkapitals kurz-, mittel und langfristig ist. Diese Unterteilung kann mit Hilfe des

Verbindlichkeitenspiegels vorgenommen werden. Pensionsrückstellungen werden dabei dem langfristigen Fremdkapital zugeordnet. Sie enthalten zwar auch eine kurz- und mittelfristige Komponente, die jedoch häufig nicht aus Bilanz oder Anhang ersichtlich ist.

Neben der verbesserten Übersichtlichkeit und der zeitlichen Gliederung werden bei der Erstellung der Strukturbilanz auch bestimmte Umgliederungen und Saldierungen vorgenommen. Die Umgliederungen entstehen bei der Zusammenfassung von Bilanzpositionen. So wird z. B. der passive Rechnungsabgrenzungsposten in die Position „Fremdkapital" umgegliedert. Saldierungen werden bei solchen Bilanzpositionen vorgenommen, die keinen echten, verwertbaren Vermögenswert bzw. Schuldcharakter haben. Ein Beispiel hierfür ist ein aktiviertes Disagio. Dieser stellt keinen verwertbaren Vermögensgegenstand dar und wird daher bei der Aufstellung der Strukturbilanz mit dem Eigenkapital saldiert.

4. Kennzahlen

a. Vermögenslage

Hinweis: Die folgenden Kennzahlen zur Vermögenslage sind explizit im Rahmenplan genannt:

- Anlagenintensität
- Vorratsintensität
- Arbeitsintensität
- Umschlagshäufigkeit
  - Gesamtvermögen
  - Sachanlagevermögen
  - Vorratsvermögen
  - Forderungen
- Investitionsquote
- Abschreibungsquote
- Anlagenabnutzungsgrad

Zunächst sollte eine kurze Erläuterung erfolgen, was man unter Kennzahlen zur Vermögenslage versteht.

Abbildung 5.18   Beispielfolie zur Erklärung der Kennzahlen der Vermögenslage

Kennzahlen zur Vermögenslage

geben Aufschluss über

- Zusammensetzung,
- Alter und
- Umschlagshäufigkeit

des Vermögens.

Verbale Erläuterungen: Text der Folie wiederholen

Abbildung 5.19   Beispielfolie für eine Kennzahl zur Vermögenslage

Anlagenintensität

$$\text{Anlagenintensität} = \frac{(S)AV}{GV} \times 100$$

Verbale Erläuterung: Die Anlagenintensität zeigt an, wie hoch der Anteil des Anlagever-mögens am Gesamtvermögen ist. Teilweise wird die Kennzahl auch nur auf Basis des Sachanlagevermögens berechnet. Aus der Kennzahl lässt sich erkennen, wie hoch der An-teil des langfristig gebundenen Vermögens am Gesamtvermögen ist. Die Kennzahl ist stark branchenabhängig. Produktionsintensive Unternehmen und Immobiliengesellschaften haben in der Regel eine hohe Anlagenintensität, während Handels- oder Dienstleistungs-unternehmen eine niedrigere Anlagenintensität aufweisen. Bei einer hohen Anlagenintensi-tät kann ein Unternehmen nur sehr langsam auf Umsatzeinbrüche reagieren. Hierdurch können Fixkostenprobleme entstehen.

Abbildung 5.20   Beispielfolie für eine weitere Kennzahl zur Vermögenslage

Umschlagshäufigkeit der Forderungen

$$\text{UH}_{\text{Forderungen}} = \frac{\text{Umsatz} \times 1,19}{\varnothing \text{ Forderungen LuL}}$$

Hinweis: Es sollte an dieser Stelle keine weitere Intensitätskennzahl (Vorrats- oder Arbeitsintensität) verwendet werden. Zum einen würde dies einfallslos wirken, zum anderen würde man bloß das zuvor gesagte wiederholen (wenn auch mit leicht anderem Blickwinkel).

Verbale Erläuterung: Die Umschlagshäufigkeit der Forderungen berechnet sich aus Umsatz dividiert durch den durchschnittlichen Bestand der Forderungen. Da der Umsatz als Nettogröße, die Forderungen aus Lieferungen und Leistungen aber als Bruttogröße dargestellt werden, muss der Umsatz mit dem geltenden Mehrwertsteuersatz multipliziert werden. Den durchschnittlichen Bestand der Forderungen erhält man, in dem man den Anfangsbestand – also den Vorjahreswert – und den Endbestand addiert und durch zwei dividiert. Je höher die Umschlagshäufigkeit ist, desto schneller werden die Forderungen beglichen. Dies bedeutet weniger Außenstände und somit ein geringeres Ausfallrisiko. Auch auf den Cashflow wirkt sich eine hohe Umschlagshäufigkeit der Forderungen – und somit ein niedrigerer Forderungsbestand – erhöhend aus.

b. Finanzlage

Hinweis: Die folgenden Kennzahlen zur Finanzlage sind explizit im Rahmenplan genannt:

- Eigenkapital
  - Entwicklung
  - Quote
- Verschuldungskoeffizient
- Anlagendeckungsgrad- und Finanzierungsgrad
- Liquiditätsrelationen
- Selbstfinanzierungsgrad
- Abschreibungsquote
- Net-Working-Capital

Zunächst sollte wieder eine Folie zur allgemeinen Erläuterung der Finanzlage-Kennzahlen erfolgen.

Abbildung 5.21   Beispielfolie zur Erklärung der Kennzahlen der Finanzlage

---

Kennzahlen zur Finanzlage

geben Aufschluss über

- Liquidität
- Finanzierung

des Unternehmens.

Verbale Erläuterung: Die Kennzahlen zur Finanzlage lassen sich in zwei Kategorien ein-
teilen. In der ersten Kategorie sind die Kennzahlen, die Aufschluss über die Liquidität des
Unternehmens geben, also die Liquiditätsgrade und das (Net) Working-Capital. Die zweite
Kategorie umfasst Kennzahlen, die Aufschluss über die Finanzierung geben, also z. B.
Eigenkapitalquote oder Anlagendeckungsgrad.

Abbildung 5.22   Beispielfolie für eine Kennzahl zur Vermögenslagev

Eigenkapitalquote

$$= \frac{EK}{GK} \times 100$$

Verbale Erläuterung: Die Eigenkapitalquote gibt an, wie hoch der Anteil des Eigen- am
Gesamtkapital ist. Im angelsächsischen Raum haben wir häufiger eine höhere Eigenkapitalquote als in Deutschland, da hierzulande die Unternehmen stark durch Fremdkapital finanziert sind.

Abbildung 5.23   Beispielfolie für eine weitere Kennzahl zur Vermögenslage

Anlagendeckungsgrad I

$$= \frac{EK}{AV} \times 100$$

Verbale Erläuterung: Der Anlagendeckungsgrad zeigt an, in welchem Maß das langfristige
Vermögen durch langfristiges Kapital finanziert wird. Als sogenannte „Goldene Bilanz-
regel" wird dabei ein Anlagendeckungsgrad von 100 % und mehr bezeichnet. In diesem
Fall ist das langfristige Vermögen vollständig mit langfristigem Kapital finanziert.

c. Ertragslage

Hinweis: Die folgenden Kennzahlen zur Ertragslage sind explizit im Rahmenplan genannt:

- Betriebserfolg nach betriebswirtschaftlichen Grundsätzen
- Cashflow
- Aufwandsstruktur
- Produktivität

- Rentabilität
  - Eigenkapitalrentabilität
  - Gesamtkapitalrentabilität
  - Umsatzrentabilität
- Return on Investment
- Return on Capital Employed

Die Aufzählung ist sehr weit gefasst. So sind z. B. Aufwandsstruktur und Produktivität keine eigenständigen Kennzahlen, sondern eine Gruppe von Kennzahlen, zu welcher z. B. Materialintensität, Personalintensität etc. gehören.

Zu Anfang erfolgt wieder eine allgemeine Folie zum besseren Verständnis der Kennzahlen der Ertragslage.

Abbildung 5.24   Beispielfolie zur Erklärung der Kennzahlen der Ertragslage

---

Kennzahlen zur Ertragslage

dienen zur

- Ergebnisanalyse
- Rentabilitätsanalyse
- Analyse der Aufwandsstruktur

Verbale Erläuterung: Mit Hilfe der Kennzahlen zur Ertragslage lassen sich Erkenntnisse zur Struktur und Nachhaltigkeit des Ergebnisses, zu den verschiedenen Rentabilitäten und zur Aufwandsstruktur gewinnen.

Abbildung 5.25   Beispielfolie für eine Kennzahl der Ertragslage

---

Eigenkapitalrentabilität

$$= \frac{\text{JÜ v.St.v.EE}}{\text{EK}}$$

Verbale Erläuterung: Die Eigenkapitalrentabilität ist eine Kennzahl der Rentabilitätsanalyse. Sie zeigt an, wie effizient und effektiv ein Unternehmen mit dem von den Eigentümern zur Verfügung gestellten Kapital gewirtschaftet hat.

Abbildung 5.26   Beispielfolie für eine weitere Kennzahl zur Ertragslage

Materialintensität

$$= \frac{\text{Materialaufwand}}{\text{Umsatz}} \times 100$$

Verbale Erläuterung: Die Materialintensität ist eine Kennzahl zur Analyse der Aufwands-struktur. Die Kennzahl ist stark branchenabhängig. Sie zeigt an, welcher Anteil der Um-satzerlöse zur Finanzierung von Materialbeschaffung und in Anspruch genommenen Dienstleistungen verwendet werden muss.

5. IFRS

Abbildung 5.27   Beispielfolie zu den Unterschieden zwischen IFRS und HGB in der
Bilanzanalyse

IFRS vs. HGB in der Bilanzanalyse

u. a.

- Unterschiedliche Wertobergrenzen
- Unterschiedliche Verbrauchsfolgeverfahren

Verbale Erläuterung: Durch das Bilanzrechtsmodernisierungsgesetz ist es zu einer An-näherung zwischen HGB und IFRS gekommen. Dessen ungeachtet bestehen weiterhin diverse Unterschiede zwischen den beiden Rechnungslegungssystemen, die bei der Bilanz-analyse beachtet werden müssen. Als Beispiel seien hier zunächst die unterschiedlichen Wertobergrenzen genannt. Während im HGB die Anschaffungs- und Herstellungskosten die Wertobergrenze für den Bilanzansatz von Vermögensgegenständen darstellen, darf bzw. muss in der IFRS-Rechnungslegung bei diversen Bilanzpositionen der sogenannte Fair Value angesetzt werden. Dieser kann auch über den Anschaffungs- und Herstellungs-kosten liegen. Der hieraus entstehende Ertrag ist dann entweder erfolgsneutral im Eigen-kapital zu erfassen (z. B. bei Sachanlagen) oder erfolgswirksam in der GuV zu erfassen (z. B. bei kurzfristig gehaltenen Wertpapieren). Der im Vergleich zur HGB-Rechnungslegung höhere Bilanzansatz wirkt sich u. a. auf die Vermögensintensitäten, Umschlagshäufigkeiten und – sofern erfolgswirksam erfasst – auf die Kennzahlen der Ertragslage aus.

Ein weiteres Beispiel für Unterschiede zwischen IFRS und HGB sind die Verbrauchsfolge-verfahren. In der IFRS-Rechnungslegung ist nur das FIFO-Verfahren zulässig, während im HGB auch das LIFO-Verfahren erlaubt ist. Je nach Preisentwicklung der Roh-, Hilfs- und

Betriebsstoffe können sich hierdurch unterschiedliche Wertansätze für das Vorratsvermögen ergeben. Die hat wiederum Auswirkungen auf die Vermögensintensitäten, die Umschlagshäufigkeit des Vorratsvermögens und die Liquidität III. Grades.

6. Auswirkungen von Steuersatzänderungen

Abbildung 5.28 Beispielfolie zu den Auswirkungen der Verbrauchssteuersätze auf die Bilanz

---

Änderungen des Umsatzsteuersatzes wirken sich u. a aus

- auf die Höhe der Forderungen aus Lieferungen und Leistungen
- auf die Höhe der kurzfristigen Steuerforderungen und -verbindlichkeiten
- auf die Höhe der Verbindlichkeiten aus Lieferungen und Leistungen

---

Verbale Erläuterung: Die Änderung von Verbrauchssteuersätzen kann Auswirkungen auf diverse Bilanzpositionen haben. Als ein Beispiel habe ich hier kurz einige Bilanzpositionen angeführt, die von einer Änderung des Umsatzsteuersatzes beeinflusst werden würden. Forderungen und Verbindlichkeiten aus Lieferungen und Leistungen werden brutto, d. h. inklusive Umsatzsteuer bilanziert. Erhöht sich der Umsatzsteuersatz, so erhöhen sich damit auch die Forderungen und Verbindlichkeiten aus Lieferungen und Leistungen. Je nach Geschäftsverlauf bestehen zum Jahresende in der Regel noch Verbindlichkeiten aus Umsatzsteuer bzw. Vorsteuerforderungen gegenüber dem Finanzamt. Diese Positionen würden sich durch einen höheren Steuersatz ebenfalls erhöhen.

Abbildung 5.29 Beispielfolie zu den Auswirkungen der Ertragssteuersätze auf die Bilanz

---

Änderungen des Kapital- oder Gewerbesteuersatzes wirken sich u. a aus

- auf die Höhe des Steueraufwands
- auf die Höhe der liquiden Mittel
- auf die Höhe der kurzfristigen Steuerverbindlichkeiten

Verbale Erläuterung: Ertragssteuern wirken sich zunächst als Aufwand in der Bilanz aus. Sie senken den zur Ausschüttung zur Verfügung stehenden Jahresüberschuss. Eine Erhöhung der Ertragssteuersätze würde zu einem niedrigeren Jahresüberschusses führen. Allerdings erfolgt in der Bilanzanalyse – vor allem bei den Rentabilitätskennzahlen – die Berechnung in der Regel auf Basis des Jahresüberschuss vor Steuern. Hierdurch werden die Auswirkungen von Ertragssteuersatzänderungen neutralisiert.

Gleichwohl führen höhere Ertragssteuersätze zu niedrigen liquiden Mitteln. Bei unter-
jährigen Vorauszahlungen werden die Folgen bereits in der aktuellen Berichtsperiode
sichtbar. Die Senkung der liquiden Mittel hat Auswirkungen auf die Liquiditätsgrade, den
Cashflow und das Working-Capital.

Aufgrund der zum Jahresende in der Regel bestehenden kurzfristigen Ertragssteuerver-
bindlichkeiten würde eine Erhöhung der Ertragssteuersätze auch die kurzfristigen Verbindlichkeiten ansteigen lassen. Hieran erkennt man den gravierenden Einfluss, den eine
Ertragssteuersatzänderung auf die Liquiditätsgrade, vor allem auf den Liquiditätsgrad I
hat. Die liquiden Mittel sinken, während die kurzfristigen Verbindlichkeiten aus Steuern
steigen.

7. Fazit

Verbale Erläuterung: Meine Damen und Herren, ich bin nun am Schluss meiner
Präsentation angekommen. Wenn wir noch einmal einen Blick auf die zu eingangs be-
trachtete Gliederung werfen, so sehen wir dass wir uns in den letzten 15 Minuten zunächst
mit den Grundlagen der Bilanzanalyse – Funktionen der Bilanzanalyse, Strukturbilanz,
Bilanzkennzahlen – beschäftigt haben, ehe wir zu spezielleren Themen wie IRFS und
Steuern gekommen sind. Ich hoffe die Präsentation hat Ihnen gefallen, bedanke mich für
Ihre Aufmerksamkeit und stehe Ihnen nun gerne für Fragen zur Verfügung.

Beginn des Prüfungsgesprächs

Hinweis: Im Folgenden wird die Abkürzung PA für Prüfungsausschuss und PT für
Prüfungsteilnehmer bzw. Prüfungsteilnehmerin verwendet.

PA: Vielen Dank für Ihre Präsentation Herr Mustermann. Meine Kollegen und ich haben in
der Tat noch die eine oder andere Frage an Sie, welche wir jetzt in den nächsten rund 30
Minuten stellen werden. Ich würde jetzt auch gleich mal den Anfang machen. Legen Sie
doch bitte noch einmal Ihre Folie zur Anlagenintensität auf. Sie sagten, die Kennzahl wird
häufig nur auf Basis des Sachanlagevermögens, anstelle des gesamten Anlagevermögens
berechnet. Warum ist dies so?

PT: In Bezug auf das Sachanlagevermögen besteht ein absolutes Ansatzgebot in der Bilanz.
Für immaterielle Vermögensgegenstände, sofern sie selbst erstellt sind, bestehen dagegen
lediglich Ansatzwahlrechte und -verbote. Mit Blick auf die Ansatzwahlrechte sind die immateriellen Vermögensgegenstände daher viel stärker von bilanzpolitisch motivierten
Eingriffen betroffen. So ist auch die Bewertung von immateriellen Vermögensgegenständen
häufig mit Schätzungen behaftet, wo es zu impliziten Wahlrechten kommt. Beim Finanzanlagevermögen handelt es sich dagegen in der Regel um Beteiligungen. Hierbei spielt die
langfristige Kapitalbindung weniger eine Rolle. Von daher wird häufig nur auf Basis des
Sachanlagevermögens gerechnet.

PA: Sie sagten etwas von Ansatzwahlrechten und -verboten bei den immateriellen Vermögensgegenständen. Können Sie dies noch etwas näher erläutern?

PT: Gemäß § 248 Abs. 2 HGB besteht ein Ansatzwahlrecht für selbst erstellte immaterielle Vermögensgegenstände des Anlagevermögens. Für bestimmte, im HGB explizit aufgezählte immaterielle Vermögensgegenstände wie z. B. Drucktitel oder Marken besteht dagegen ein Ansatzverbot.

PA: In Ihrer Präsentation sprachen sie davon, dass eine hohe Anlagenintensität zu Fixkostenproblemen führen kann. Was genau meinen Sie denn damit?

PT: Bei Nachfrageeinbrüchen kommt es in der Regel zu einem Herunterfahren der Produktion. Während variable Kosten in etwa im gleichen Umfang sinken, bleiben Fixkosten, wie z. B. Miete oder Abschreibung in vollem Umfang bestehen. Gemäß § 255 Abs. 1 HGB dürfen aber lediglich die angemessenen Teile der Gemeinkosten in die Herstellungskosten mit einbezogen werden. Insofern führen hohe Abschreibungen auf Produktionsgebäude und -anlagen, auf Maschinen usw. bei einer niedrigen Produktionsauslastung zu Kosten, welche nicht aktiviert werden können. Hierdurch wird das Jahresergebnis doppelt belastet. Zum einen sinken die Umsatzerlöse bei gleich bleibenden Fixkosten. Zum anderen wird von diesem Fixkostenblock ein geringer werdender Teil als Herstellungskosten aktiviert werden können.

PA: Sie erwähnten die Herstellungskosten nach HGB und das hier nur die angemessenen Teile der Gemeinkosten berücksichtigt werden dürfen. Wie sieht das denn im IFRS aus?

PT: Auch im IFRS-Abschluss werden die aktivierbaren Produktionsgemeinkosten auf Basis einer normalen Kapazitätsauslastung der Produktion berechnet. Zusätzlich dürfen im IFRS Abschluss noch die Finanzierungsaufwendungen für einen qualifizierten Vermögenswert angesetzt werden.

PA: Qualifizierter Vermögenswert?

PT: Hierunter versteht man in der IFRS-Rechnungslegung einen Vermögenswert, für dessen Herstellung ein längerer Zeitraum – in der Regel mehr als ein Jahr – erforderlich ist.

PA: O.k., wechseln wir mal zum Thema Währungsumrechnung. Können Sie mal kurz erläutern, wie die Währungsumrechnung im HGB-Einzelabschluss abläuft.

...

6 Aufgabestellungen

6.1 Einleitung

Im Folgenden sind zwölf Beispielaufgaben zur Vorbereitung auf den ersten Teil der Teil C Prüfung gegeben. Jede Aufgabe verfügt über einen ausführlichen Lösungsansatz. Zwei Punkte sollten beherzigt werden. Zum einen sollten die Aufgaben real bearbeitet werden, d. h. es sollte eine richtige Präsentation zu jeder Aufgabe erstellt werden. Pro Aufgabe sollten dazu 30 Minuten verwendet werden. Versuchen Sie anschließend, Ihre Präsentation in 15 Minuten zu präsentieren, eventuell vor Zuschauern (z. B. Lehrgangskollegen). Wenn möglich, sollten Sie ihre Präsentation aufzeichnen und sich hinterher selbst begutachten. Zum anderen ist zu bedenken, dass der vorgestellte Lösungsansatz teilweise nur einer von vielen möglichen ist. Gerade bei den sogenannten offenen Fragen obliegt die Auswahl der zu präsentierenden Sachverhalte häufig zum Großteil dem Prüfungsteilnehmer bzw. der Prüfungsteilnehmerin.

6.2 Aufgabe 1

Beigefügt erhalten Sie Bilanz und GuV der A-AG.

Aufgaben:

1. Berechnen Sie die folgenden Kennzahlen für die Geschäftsjahre 20x2 und 20x1:
   a. Gesamtkapitalrentabilität
   b. Eigenkapitalrentabilität
   c. Umsatzrentabilität

2. Die A-AG erwägt die Aufnahme eines neuen Darlehen über 5 Mio. Euro bei ihrer Hausbank. Der Fremdkapitalzinssatz für das Darlehen würde 7 % betragen. Zeigen Sie auf, wie sich die Kreditaufnahme auf die berechneten Rentabilitäten auswirken würde und erläutern sie, warum dies so ist.

AKTIVA (in TEUR)	31.12.20x2	31.12.20x1
A. Anlagevermögen		
I. Sachanlagen	10.443	9.468
II. Finanzanlagen	393	447
B. Umlaufvermögen		
I. Vorräte	4.563	4.035
II. Forderungen aus Lieferungen und Leistungen	7.005	4.779
III. Sonstige Vermögensgegenstände	1.434	1.518
IV. Kassenbestand, Guthaben bei Kreditinstituten und Schecks	987	1.077
Bilanzsumme	24.825	21.324

PASSIVA (in TEUR)	31.12.20x2	31.12.20x1
A. Eigenkapital		
I. Gezeichnetes Kapital	2.400	2.400
II. Gewinnrücklagen	642	459
III. Bilanzgewinn	2.493	1.974
B. Rückstellungen		
1. Rückstellungen für Pensionen und ähnliche Verpflichtungen	1.185	1.086
2. sonstige Rückstellungen	2.298	1.836
C. Verbindlichkeiten		
1. Verbindlichkeiten gegenüber Kreditinstituten	5.601	4.908
2. Verbindlichkeiten aus Lieferungen und Leistungen	5.112	4.800
3. Verbindlichkeiten gegenüber verbundenen Unternehmen	2.190	1.392
4. sonstige Verbindlichkeiten	2.904	2.469
Bilanzsumme	24.825	21.324

Gewinn- und Verlustrechnung 1.1- 31.12.20x2 (in TEUR)	31.12.20x2	31.12.20x1
1. Umsatzerlöse	44.550	40.410
2. Veränderungen des Bestands an fertigen und unfertigen Erzeugnissen	354	516
3. Sonstige betriebliche Erträge	339	501
4. Materialaufwand	24.624	22.869
5. Personalaufwand	10.956	10.233
6. Abschreibungen auf immaterielle Vermögens- gegenstände des Anlagevermögens und auf Sach- anlagen	2.001	1.695
7. Sonstige betriebliche Aufwendungen	5.388	4.911
8. Erträge aus Beteiligungen	250	161
9. Zinsen und ähnliche Erträge	42	47
10. Zinsen und ähnliche Aufwendungen	280	244
11. Ergebnis der gewöhnlichen Geschäftstätigkeit	2.286	1.683
12. Steuern vom Einkommen und vom Ertrag	852	597
13. Jahresüberschuss	1.434	1.086
14. Gewinnvortrag	1.974	1.623
15. Entnahme aus / Einstellung in Gewinnrücklagen	-183	-159
16. Dividendenausschüttung	-732	-576
17. Bilanzgewinn	2.493	1.974

6.3 Aufgabe 2

Beigefügt erhalten Sie die Bilanz und und GuV der A-AG.

Aufgaben:

1. Berechnen Sie für die Geschäftsjahre 20x2 und 20x1 die folgenden Kennzahlen:
   a. Selbstfinanzierungsgrad
   b. Abschreibungsquote
   c. Vorratsintensität
   d. Anlagendeckungsgrad I

2. Präsentieren Sie den Unterschied zwischen internem und externem Rating. Erläutern Sie, welche Rolle die zuvor berechneten Kennzahlen ein einem Ratingprozess spielen könnten.

AKTIVA (in TEUR)	31.12.20x2	31.12.20x1
A. Anlagevermögen		
I. Sachanlagen	10.443	9.468
II. Finanzanlagen	393	447
B. Umlaufvermögen		
I. Vorräte	4.563	4.035
II. Forderungen aus Lieferungen und Leistungen	7.005	4.779
III. Sonstige Vermögensgegenstände	1.434	1.518
IV. Kassenbestand, Guthaben bei Kreditinstituten und Schecks	987	1.077
Bilanzsumme	24.825	21.324
PASSIVA (in TEUR)	31.12.20x2	31.12.20x1
A. Eigenkapital		
I. Gezeichnetes Kapital	2.400	2.400
II. Gewinnrücklagen	642	459
III. Bilanzgewinn	2.493	1.974
B. Rückstellungen		
1. Rückstellungen für Pensionen und ähnliche Verpflichtungen	1.185	1.086
2. sonstige Rückstellungen	2.298	1.836
C. Verbindlichkeiten		
1. Verbindlichkeiten gegenüber Kreditinstituten	5.601	4.908
2. Verbindlichkeiten aus Lieferungen und Leistungen	5.112	4.800
3. Verbindlichkeiten gegenüber verbundenen Unternehmen	2.190	1.392
4. sonstige Verbindlichkeiten	2.904	2.469
Bilanzsumme	24.825	21.324

Gewinn- und Verlustrechnung 1.1- 31.12.20x2 (in TEUR)	31.12.20x2	31.12.20x1
1. Umsatzerlöse	44.550	40.410
2. Veränderungen des Bestands an fertigen und un- fertigen Erzeugnissen	354	516
3. Sonstige betriebliche Erträge	339	501
4. Materialaufwand	24.624	22.869
5. Personalaufwand	10.956	10.233
6. Abschreibungen auf immaterielle Vermögensgegen- stände des Anlagevermögens und auf Sachanlagen	2.001	1.695
7. Sonstige betriebliche Aufwendungen	5.388	4.911
8. Finanzergebnis	12	-36
9. Ergebnis der gewöhnlichen Geschäftstätigkeit	2.286	1.683
10. Steuern vom Einkommen und vom Ertrag	852	597
11. Jahresüberschuss	1.434	1.086
12. Gewinnvortrag	1.974	1.623
13. Entnahme aus / Einstellung in Gewinnrücklagen	-183	-159
14. Dividendenausschüttung	-732	-576
15. Bilanzgewinn	2.493	1.974

6.4   Aufgabe 3

Viele Bilanzkennzahlen sind mangels fehlender gesetzlicher Vorgaben nicht eindeutig definiert. Hierdurch kommt es zu unterschiedlichen Berechnungsvarianten. Nachstehend sind einige Bilanzkennzahlen mit unterschiedlichen Berechnungsvarianten aufgelistet.

Aufgabe:

1. Präsentieren Sie die Vor- und Nachteile der einzelnen Berechnungsmethoden. Erläutern Sie dabei u. a., welchem Zweck die jeweilige Kennzahl dient, bzw. welche Aussage sie ermöglichen soll.

Kennzahlen:

Umsatzrentabilität (UR)

$$UR = \frac{\text{ordentliches Betriebsergebnis}}{\text{Umsatz}}$$

$$UR = \frac{\text{Jahresüberschuss vor Steuern vom Einkommen und vom Ertrag}}{\text{Umsatz}}$$

$$UR = \frac{\text{Jahresüberschuss}}{\text{Umsatz}}$$

Dynamischer Verschuldungsgrad (DyV)

$$DyV = \frac{\text{Fremdkapital}}{\text{Cashflow}} \times 100$$

$$DyV = \frac{\text{Fremdkapital ./. liquide Mittel}}{\text{Cashflow}}$$

$$DyV = \frac{\text{Verbindlichkeiten}}{\text{Cashflow}}$$

Return on Investment (ROI)

$$ROI = \frac{\text{Gewinn}}{\text{Umsatz}} \times \frac{\text{Umsatz}}{\text{Gesamtkapital}}$$

$$ROI = \frac{\text{Gewinn + Zinsaufwand}}{\text{Umsatz}} \times \frac{\text{Umsatz}}{\text{Gesamtkapital}}$$

$$ROI = \frac{\text{EBIT}}{\text{Umsatz}} \times \frac{\text{Umsatz}}{\text{Gesamtkapital}}$$

6.5   Aufgabe 4

Beigefügt erhalten Sie die Bilanz der X-AG.

Aufgaben:

1. Erstellen Sie eine Beständedifferenzen- und eine Bewegungsbilanz

2. Erläutern Sie die Aussagekraft der beiden aufgestellten Bilanzarten.

AKTIVA (in TEUR)	31.12.20x2	31.12.20x1
A. Anlagevermögen		
I. Sachanlagen	10.443	9.468
II. Finanzanlagen	393	447
B. Umlaufvermögen		
I. Vorräte	4.563	4.035
II. Forderungen aus Lieferungen und Leistungen	7.005	4.779
III. Sonstige Vermögensgegenstände	1.434	1.518
IV. Kassenbestand, Guthaben bei Kreditinstituten und Schecks	987	1.077
Bilanzsumme	24.825	21.324
PASSIVA (in TEUR)	31.12.20x2	31.12.20x1
A. Eigenkapital		
I. Gezeichnetes Kapital	2.400	2.400
II. Gewinnrücklagen	642	459
III. Bilanzgewinn	2.493	1.974
B. Rückstellungen		
1. Rückstellungen für Pensionen und ähnliche Verpflichtungen	1.185	1.086
2. sonstige Rückstellungen	2.298	1.836
C. Verbindlichkeiten		
1. Verbindlichkeiten gegenüber Kreditinstituten	5.601	4.908
2. Verbindlichkeiten aus Lieferungen und Leistungen	5.112	4.800
3. Verbindlichkeiten gegenüber verbundenen Unternehmen	2.190	1.392
4. sonstige Verbindlichkeiten	2.904	2.469
Bilanzsumme	24.825	21.324

6.6   Aufgabe 5

Beigefügt erhalten Sie die GuV und Auszüge aus dem Anhang eines produzierenden Unternehmens. Das Unternehmen ist börsennotiert.

Aufgabe:

1. Analysieren Sie die nachfolgende GuV. Präsentieren Sie anschließend
   - Ihre Vorgehensweise (z. B. welche Kennzahlen Sie warum ausgesucht haben)
   - Ihre Schlüsse
   - Ihre Empfehlungen an das Unternehmen

Gewinn- und Verlustrechnung 1.1- 31.12.20x2 (in TEUR)	20x2	20x1
1. Umsatzerlöse	22.398	22.104
2. Bestandsveränderungen und andere aktivierte Eigenleistungen	933	486
3. Gesamtleistung	23.331	22.590
4. Sonstige betriebliche Erträge	59.319	21.792
5. Materialaufwand	12.510	10.980
6. Personalaufwand	4.074	3.792
7. Abschreibungen auf immaterielle Vermögens-gegenstände des Anlagevermögens und auf Sachanlagen	1.707	1.596
8. Sonstige betriebliche Aufwendungen	41.238	13.800
9. Erträge aus Beteiligungen	3.021	3.669
10. Zinsen und ähnliche Erträge	1.200	501
11. Zinsen und ähnliche Aufwendungen	1.617	816
12. Ergebnis der gewöhnlichen Geschäftstätigkeit	25.725	17.568
13. Steuern vom Einkommen und vom Ertrag	7.595	5.187
14. Sonstige Steuern	146	145
15. Jahresüberschuss	17.984	12.236

Auszug aus dem Anhang:

Sonstige betriebliche Erträge

	20x2 TEUR	20x1 TEUR
Erträge aus Aktienkurssicherung	57.768	20.781
Übrige betriebliche Erträge	1.551	1.011
	59.319	21.792

Die Erträge aus Aktienkurssicherung resultieren insbesondere aus Aktienoptionen und Aktientermingeschäften

Sonstige betriebliche Aufwendungen

	20x2 TEUR	20x1 TEUR
Aufwendungen aus Aktienoptionen	37.266	10.999
Übrige betriebliche Erträge	3.972	2.801
	41.238	13.800

Die Aufwendungen aus Aktienoptionen resultieren insbesondere aus Kurssicherungsgeschäften.

6.7   Aufgabe 6

Sie werden gebeten, vor einer Gruppe Berufsschüler einen Vortrag zum Thema Cashflow zu halten. Ihr Vortrag soll helfen, den Berufsschülern die folgenden Fragen zu beantworten:

■ Was ist ein Cashflow?

■ Wie wird der Cashflow ermittelt?

■ In welche drei Teile wird der Cashflow normalerweise gegliedert?

■ Welche bilanzpolitischen Gestaltungsspielräume mit Bezug auf die Cashflow-Rechnung gibt es? Wie wirken sich diese aus?

6.8   Aufgabe 7

Sie sind Kreditsachbearbeiter bei der A-Bank. Der Geschäftsführer der X-GmbH tritt an Sie heran und erfragt, ob die A-Bank der X-GmbH einen Kredit über 2 Mio. Euro vergeben würde.

Gemäß den bankinternen Kreditvergaberichtlinien vergibt die A-Bank einen Kredit in dieser Höhe nur an Kunden mit dem internen Mindestrating R2 „Kreditwürdig".

Aufgaben:

1. Ermitteln Sie auf Basis der beigefügten Rating-Scorecard der A-Bank das Rating der X-GmbH unter Zugrundelegung des Jahresabschlusses 20X2.

2. Erläutern und begründen Sie drei qualitative Faktoren, welche Sie als zuständiger Kreditsachbearbeiter zusätzlich zu den Finanzkennzahlen für eine Kreditentscheidung heranziehen würden.

Rating-Scorecard der A-Bank

Ratingkategorie		R5	R4	R3	R2	R1
Aussage		Stark Ausfall-gefährdet	Ausfall-gefährdet	eingeschränkt Kreditwürdig	Kreditwürdig	Sehr kreditwürdig
Kennzahl	Ge-wichtung	4,6 - 5	3,6 – 4,5	2,6 – 3,5	1,6 – 2,5	1 – 1,5
Statischer Verschuldungsgrad	20%	> 900 %	> 400 %	>250 %	> 100 %	< 100 %
Umschlagshäufigkeit des Gesamtver-mögens	15 %	< 0,25	> 0,25	> 0,5	> 1	> 2,5
Umschlagsdauer der Forderungen (Debitorenlaufzeit)	15 %	> 90 Tage	< 90 Tage	< 60 Tage	< 30 Tage	< 0 Tage
Gesamtkapital-rentabilität	25 %	< 5 %	> 5 %	> 10 %	> 15 %	> 20 %
Liquidität I. Grades	25 %	< 10 %	> 10 %	> 20 %	> 30 %	> 45 %

Bilanz der X-GmbH zum 31.12.20x2

Aktiva (in EURO)	31.12.20x2	31.12.20x1
A. Anlagevermögen		
I. Sachanlagen	2.001.660	2.128.940
II. Finanzanlagen	211.280	10.080
B. Umlaufvermögen		
I. Vorräte	716.520	630.780
II. Forderungen und sonstige Vermögensgegenstände		
1. Forderungen aus Liegerungen und Leistungen	506.560	400.160
2. sonstige Vermögensgegenstände	226.540	171.120
III. Wertpapiere	60.660	0
IV. Kasse, Bank	1.260.500	1.093.460
Bilanzsumme	4.983.720	4.434.540

Passiva (in EURO)	31.12.20x2	31.12.20x1
A. Eigenkapital		
1. Gezeichnetes Kapital	388.280	388.280
2. Kapitalrücklage	1.732.540	1.730.240
3. Gewinnrücklagen	2.040	2.040
4. Bilanzgewinn	1.327.600	972.520
B. Sonstige Rückstellungen	194.340	179.800
C. Verbindlichkeiten		
1. Verbindlichkeiten gegenüber Kreditinstituten	849.500	816.260
2. Verbindlichkeiten aus Lieferungen und Leistungen	375.840	258.360
3. Sonstige Verbindlichkeiten	113.580	87.040
Bilanzsumme	4.983.720	4.434.540

Gewinn- und Verlustrechnung in EURO	1.1. – 31.12.20x2	1.1-31.12.20x1
1. Umsatzerlöse	3.694.460	2.475.480
2. Umsatzkosten	2.411.980	2.063.800
3. Bruttoergebnis vom Umsatz	1.282.480	411.680
4. Vertriebskosten	251.860	212.640
5. allgemeine Verwaltungskosten	555.060	494.800
6. sonstige betriebliche Erträge	68.100	54.040
7. sonstige betriebliche Aufwendungen	81.600	74.480
8. sonstige Zinsen und ähnliche Erträge	20.620	19.360
9. Zinsen und ähnliche Aufwendungen	48.720	48.680
10. Ergebnis der gewöhnlichen Geschäftstätigkeit	433.960	-345.520
11. Steuern vom Einkommen und vom Ertrag	76.580	-101.580
12. Jahresüberschuss / Jahresfehlbetrag	357.380	-243.940

Auszug aus dem Anhang

Rückstellungen

Die Rückstellungen wurden gebildet für dringend notwendige Reparaturarbeiten, welche in der ersten Februarwoche des Folgejahres durchgeführt werden.

Verbindlichkeiten

Verbindlichkeiten in Euro	31.12.x2	31.12.x1
I. Verbindlichkeiten gegenüber Kreditinstituten	849.500	816.260
davon Restlaufzeit bis zu 1 Jahr	849.500	816.260
davon Restlaufzeit über 5 Jahre	0	0
II. Verbindlichkeiten aus Lieferungen und Leistungen	375.840	258.360
davon Restlaufzeit bis zu 1 Jahr	375.840	258.360
davon Restlaufzeit über 5 Jahre	0	0
III. Sonstige Verbindlichkeiten	133.580	87.040
davon Restlaufzeit bis zu 1 Jahr	133.580	87.040
davon Restlaufzeit über 5 Jahre	0	0

Gewinn- und Verlustrechnung
Im Rahmen der Darstellung der Gewinn- und Verlustrechnung in Form des Umsatzkosten-verfahrens erfolgt die Zuordnung der Aufwendungen nach Funktionsbereichen. In den Herstellungs-, Vertriebs- und Verwaltungskosten waren die nachstehend aufgeführten Kostenarten wie folgt enthalten.

■ **Materialaufwand**
Die Materialaufwendungen betrugen im Geschäftsjahr 20x2 insgesamt 935.840 Euro. Sie setzen sich zusammen aus Aufwendungen für Roh-, Hilfs- und Betriebsstoffe sowie für bezogene Leistungen.

■ **Personalaufwand**
Der Personalaufwand stieg von 987.260 Euro im Geschäftsjahr 20x1 auf 1.194.400 Euro im Berichtsjahr 20x2.

■ **Abschreibungen**
Die planmäßigen Abschreibungen betrugen im Berichtsjahr 20x2 326.540 Euro. Bedingt durch das Umsatzkostenverfahren sind die Abschreibungen für Sachanlagegüter in der Gewinn- und Verlustrechnung auf die Positionen Umsatz-, Vertriebs- und Ver-waltungskosten verteilt worden.

6.9   Aufgabe 8

Beigefügt erhalten Sie die Bilanz und GuV der R-AG.

1. Berechnen und erläutern Sie die folgenden Bilanzkennzahlen für das Gj 20x2:
    a. Umschlagshäufigkeit des Sachanlagevermögens
    b. Umschlagshäufigkeit des Gesamtvermögens
    c. Umschlagshäufigkeit des Vorratsvermögens
    d. Umschlagshäufigkeit **und** –dauer der Forderungen
    e. Umschlagshäufigkeit **und** –dauer der Verbindlichkeiten

2. Nennen Sie drei Möglichkeiten, wie die R-AG ihre Umschlagsdauer der Forderungen verkürzen könnte.

Aktiva (in Tsd. EURO)	31.12.20x2	31.12.20x1
A. Anlagevermögen		
I. Sachanlagen	5.700	5.800
II. Finanzanlagen	1.500	1.200
B. Umlaufvermögen		
I. Vorräte	2.200	2.000
II. Forderungen und sonstige Vermögensgegenstände		
1. Forderungen aus Liegerungen und Leistungen	7.300	7.000
2. sonstige Vermögensgegenstände	4.500	5.000
III. Kasse, Bank	4.400	4.000
Bilanzsumme	25.600	25.000
Passiva (in Tsd. EURO)	31.12.20x2	31.12.20x1
A. Eigenkapital		
1. Gezeichnetes Kapital	1.000	900
2. Kapitalrücklage	2.700	2.600
3. Gewinnrücklagen	2.600	2.700
4. Bilanzgewinn	500	700
B. Sonstige Rückstellungen	1.500	750
C. Verbindlichkeiten		
1. Verbindlichkeiten gegenüber Kreditinstituten	11.600	12.750
2. Verbindlichkeiten aus Lieferungen und Leistungen	2.600	2.500
3. Sonstige Verbindlichkeiten	3.100	2.100
Bilanzsumme	25.600	25.000

Aus der GuV können Sie entnehmen, dass der Umsatz im Jahr 20x2 28.200 TEUR betragen hat. Der Materialaufwand belief sich im Jahr 20x2 auf 12.500 TEUR.

6.10   Aufgabe 9

Beigefügt erhalten Sie von Ihrem Chef einen Überblick über die wichtigsten Kennzahlen der A-GmbH.

Umsatz (in TEUR)	50.000
Umsatzrendite	2.50%
Eigenkapitalrendite	5.00%
Anlagendeckungsgrad I	20.00%
Anlagendeckungsgrad II	30.00%
Anlagenintensität	62.50%
Liquidität 3. Grades	150.00%

Bedauerlicherweise kann Ihr Vorgesetzter die Bilanz der A-GmbH nirgends finden. Er bittet Sie daher, die Bilanz mit Hilfe der Kennzahlen zu rekonstruieren.

Aufgabe:

Rekonstruieren Sie mit Hilfe der o.g. Kennzahlen die Bilanz in nachfolgendem Format:

Aktiva	31.12.20x1	Passiva
Anlagevermögen	Eigenkapital	
Umlaufvermögen	Verbindlichkeiten	
	- langfristig	
	- mittelfristig	
	- kurzfristig	
Summe	Summe	

Präsentieren Sie Ihren Lösungsweg.

6.11   Aufgabe 10

Sie werden gebeten, im Rahmen eines Abendkurses der Erwachsenenbildung einen Vortrag zum Thema „Sinn und Nutzen von Kennzahlen" zu halten. Ihr Vortrag soll die folgenden Kennzahlenarten (mit je einer Beispielkennzahl je Kennzahlenart) umfassen:

- Bestandszahlen
- Bewegungszahlen

- Beziehungszahlen

- Gliederungszahlen

- Indexzahlen

Geben Sie darüber hinaus auch Beispiele für die verschiedenen Arten der Kennzahlenanalyse.

6.12   Aufgabe 11

Sie werden von Ihrem Vorgesetzten gebeten eine kritische Präsentation zur Entwicklung der VFE-Lage der F-AG über die letzten fünf Jahre zu halten. Basis für Ihre Präsentation soll die beigefügte Mehrjahresübersicht der F-AG sein.

In TEUR	20x1	20x2	20x3	20x4	20x5
Umsatz und Ergebnis					
Umsatz	200.736	254.619	239.922	278.589	338.862
EBITDA	35.721	38.508	38.925	40.038	27.879
EBIT	26.460	28.449	27.873	28.362	16.314
Vermögensstruktur					
Langfristige Vermögenswerte	317.412	325.866	339.138	319.971	306.663
Kurzfristige Vermögenswerte	94.470	144.321	118.704	138.672	151.953
davon liquide Mittel	7.085	10.824	8.903	10.400	11.397
Gesamtvermögen	411.882	470.187	457.842	458.643	458.616
Kapitalstruktur					
Eigenkapital	165.390	115.353	131.958	136.755	118.839
Langfristige Schulden	157.206	198.969	212.325	208.740	201.387
Kurzfristige Schulden	89.286	155.865	113.559	113.148	138.390
Gesamtkapital	411.882	470.187	457.842	458.643	458.616

6.13 Aufgabe 12

Beigefügt erhalten Sie GuV und Segmentberichterstattung der D-AG.

- Analysieren Sie die Ertragslage der D-AG. Präsentieren Sie Ihre Ergebnisse

- Entwickeln Sie, basierend auf Ihrer Ertragsanalyse, einige Vorschläge zur Verbesserung der Ertragskraft der D-AG. Präsentieren Sie Ihre Vorschläge.

Anlagen:

Gewinn- und Verlustrechnung der D-AG

In TEUR	20x1
Umsatzerlöse	586.686
Materialaufwand	388.098
Rohertrag	198.588
Personalaufwand	122.304
Sonstiger betrieblicher Aufwand	70.746
Sonstige betriebliche Erträge	12.642
EBITDA	18.180
Abschreibungen	9.927
EBIT	8.253
Finanzergebnis	-2.235
Ergebnis vor Steuern	6.018
Ertragssteuern	-6.966
Ergebnis nach Steuern	-948

Segmentberichterstattung der D-AG

In TEUR	20x1			
	Segment A	Segment B	Segment C	Gesamt
Umsatzerlöse	336.786	171.750	78.150	586.686
Materialaufwand	277.218	101.733	9.147	388.098
Rohertrag	59.568	70.017	69.003	198.588
Personalaufwand	20.796	60.465	41.043	122.304
Sonstiger betrieblicher Aufwand	30.381	18.807	21.558	70.746
Sonstige betriebliche Erträge	2.922	7.647	2.073	12.642
EBITDA	11.313	-1.608	8.475	18.180
Abschreibungen	2.214	6.246	1.467	9.927
EBIT	9.099	-7.854	7.008	8.253

7 Lösungshinweise

7.1 Lösung Aufgabe 1

Berechnung der Kennzahlen

Zunächst sind die geforderten Kennzahlen zu berechnen. Die Berechnung muss nachvollziehbar und übersichtlich dargestellt werden. Da keine weiteren Anhangsangaben in der Aufgabenstellung gegeben sind, ist nicht mit irgendwelchen „Fallen" zu rechnen.

Gesamtkapitalrentabilität

Lehrbuchmäßig wird die Gesamtkapitalrendite auf Basis des durchschnittlichen Gesamtkapitals berechnet. Da sich aber in der Aufgabe das durchschnittliche Gesamtkapital für 20x1 mangels Angabe eines Vorjahreswertes nicht ermitteln lässt, ist die Gesamtkapitalrentabilität auf Basis des Gesamtkapitals zum jeweiligen Geschäftsjahresende zu berechnen. Diese Problematik sollte kurz erwähnt werden.

$$\text{Gesamtkapitalrentabilität(GKR)} = \frac{\text{Jahresüberschuss v. Ertragssteuern} + \text{Fremdkapitalzinsen}}{\text{Gesamtkapital}} \times 100$$

$$\text{GKR 20x2} = \frac{2.286 + 280}{24.825} \times 100 = 10,3\,\%$$

$$\text{GKR 20x1} = \frac{1.683 + 244}{21.324} \times 100 = 9,0\,\%$$

Eigenkapitalrentabilität

Bei der Eigenkapitalrentabilität ist darauf zu achten, dass sie auf Basis des gesamten Eigenkapitals berechnet wird. Dieses muss in der Aufgabe erst errechnet werden (Summe aus gezeichnetem Kapital, Gewinnrücklagen und Bilanzgewinn). Je nach vorhandener Zeit kann man dies auf einer separaten Folie darstellen.

$$\text{Eigenkapitalrentabilität (EKR)} = \frac{\text{Jahresüberschuss vor Ertragssteuern}}{\text{Eigenkapital}} \times 100$$

$$\text{EKR 20x2} = \frac{2.286}{5.535} \times 100 = 41,3\,\%$$

$$\text{EKR 20x1} = \frac{1.683}{4.833} \times 100 = 34,8\,\%$$

Umsatzrentabilität

Bei der Umsatzrentabilität gibt es verschiedene Berechnungsvarianten – mit ordentlichem Betriebsergebnis, dem Jahresüberschuss vor Steuern oder dem Jahresüberschuss nach Steuern im Zähler. Ein Richtig oder Falsch gibt es hier nicht. In der Musterlösung wird die Umsatzrentabilität auf Basis des Jahresüberschusses vor Steuern berechnet:

$$\text{Umsatzrentabilität (UR)} = \frac{\text{Jahresüberschuss vor Ertragssteuern}}{\text{Umsatz}} \times 100$$

$$\text{UR 20x2} = \frac{2.286}{44.550} \times 100 = 5,1\%$$

$$\text{UR 20x1} = \frac{1.683}{40.410} \times 100 = 4,2\%$$

Fremdkapitalaufnahme

Beim Lesen der Aufgabenstellung sollten die Schlagworte „Eigenkapitalrendite", „Gesamt-kapitalrendite" und „Fremdkapitalzinssatz" den Prüfungsteilnehmer bzw. die Prüfungs-teilnehmerin sofort an den „Leverage Effekt" denken lassen. Ein entscheidender Faktor für die Wirtschaftlichkeit der Fremdkapitalaufnahme liegt darin, dass der Fremdkapitalzins-satz niedriger ist als die Gesamtkapitalrendite. Der Leverage Effekt sollte auf einer eigenen Folie behandelt werden, u. U. auch als Schwerpunkt der Präsentation (z. B. mit zusätzlichen Erläuterungen zum Steuervorteil aus der Verschuldung ➔ Tax Shield).

Bezüglich der Auswirkungen der Fremdkapitalaufnahme auf die drei Rentabilitäten bietet sich eine kurze kritische Stellungnahme an. Unternehmen sind komplexe Gebilde. Einfache „Wenn-Dann" Beziehungen gibt es in der Regel nicht. So kann zum Beispiel eine durch Fremdkapital finanzierte Ausweitung der Produktion dazu führen, dass von einem Zwei- auf einen Dreischichtbetrieb umgestellt wird. Bei der neu eingeführten Nachtschicht fallen aber Sonderzuschläge für Nachtarbeit an, so dass die Personalkosten überproportional steigen. Dies kann wiederum einfache Aussagen wie „Gesamtkapitalrentabilität steigt, da Fremdkapitalzins niedriger Gesamtkapitalrentabilität" konterkarieren.

Dies vorausgeschoben, können die Auswirkungen der Fremdkapitalaufnahme auf die einzelnen Renditen dann nochmals kurz dargestellt werden:

- Gesamtkapitalrentabilität: Steigend, da Gesamtkapitalrentabilität über dem FK Zinssatz liegt. Dies setzt aber voraus, dass das neue Fremdkapital genauso profitabel genutzt wird wie das bereits vorhandene Fremdkapital. Außerdem muss der Zinssatz für das neue Fremdkapital dem Zinssatz für das alte Kapital entsprechen.

- Eigenkapitalrentabilität: Steigend (Leverage Effekt)

- Umsatzrentabilität: Senkend, da Zinsaufwand proportional stärker steigt als die Erträge

7.2 Lösung Aufgabe 2

Berechnung der Kennzahlen

Wiederum sind zunächst die geforderten Kennzahlen zu berechnen, am besten eine Kennzahl je Folie. Die Formeln sollten immer mit angegeben werden:

$$\text{Selbstfinanzierungsgrad (SFG)} = \frac{\text{Gewinnrücklagen}}{\text{Gesamtkapital}} \times 100$$

$$\text{SFG 20x2} = \frac{642}{24.825} \times 100 = 2,6\,\%$$

$$\text{SFG 20x1} = \frac{459}{21.324} \times 100 = 2,2\,\%$$

$$\text{Abschreibungsquote (AQ)} = \frac{\text{Abschreibungen}}{\text{Sachanlagevermögen}} \times 100$$

$$\text{AQ 20x2} = \frac{2.001}{10.443} \times 100 = 19,2\,\%$$

$$\text{AQ 20x1} = \frac{1.695}{9.468} \times 100 = 17,9\,\%$$

Die Abschreibungen in der GuV beziehen sich lediglich auf immaterielle Vermögensgegenstände und Sachanlagen. Von daher darf bei der Berechnung der Abschreibungsquote das Finanzanlagevermögen nicht mit in die Berechnung einbezogen werden. Immaterielle Vermögensgegenstände werden nicht ausgewiesen, sodass lediglich das Sachanlagevermögen im Nenner steht.

$$\text{Vorratsintensität (VI)} = \frac{\text{Vorräte}}{\text{Gesamtvermögen}} \times 100$$

$$\text{VI 20x2} = \frac{4.563}{24.825} \times 100 = 18,3\,\%$$

$$\text{VI 20x1} = \frac{4.035}{21.324} \times 100 = 18,9\,\%$$

$$\text{Anlagendeckungsgrad I (AD I)} = \frac{\text{Eigenkapital}}{\text{Anlagevermögen}} \times 100$$

$$AD\ I\ 20x2 = \frac{5.535}{10.836} \times 100 = 51,1\,\%$$

$$AD\ I\ 20x1 = \frac{4.833}{9.915} \times 100 = 48,7\,\%$$

Rating

Der zweite Aufgabenteil steht zunächst in keiner Beziehung zum ersten. Dies kann passieren, wenn schriftliche Aufgaben für den Prüfungsteil C umgeschrieben werden. Zwar wird noch versucht, auf den ersten Aufgabenteil Bezug zu nehmen, doch bleibt dies sehr vage.

Zuerst sollte die geforderte Darstellung der Unterschiede zwischen internem und externem Rating erfolgen. Für die Einzelheiten hierzu sei auf Kapital 3.2.3.2 verwiesen. Die Darstellung kann z. B. per Overhead-Projektor und Folien erfolgen. Etwas kreativer, aber auch zeitaufwendiger, wäre eine Darstellung mit Metaplankärtchen und Pinnwand (z. B. rote Karten für internes Rating, jeweils mit den entsprechenden Stichwörtern beschriften, grüne Karten für externes Rating).

Zur Rolle der im Aufgabenteil berechneten Kennzahlen im Ratingprozess: Kennzahlen sind **„quantitative Faktoren"** im Rahmen des Ratingprozesses. In der Regel besitzen Kreditinstitute oder Ratingagenturen genaue Richtwerte für bestimmte Kennzahlen, mit deren Hilfe die Schuldendienstfähigkeit eines potenziellen Schuldners ermittelt wird. Je nach verbleibender Vorbereitungszeit sollte man sich einige der zuvor berechneten Kennzahlen aussuchen und näher erläutern.

Beispiel: Vorratsintensität

In der A-AG sind 18-19 % des Gesamtkapitals in den Vorräten gebunden. Dies ist mit Branchenwerten zu vergleichen. Sollte der ermittelte Wert über dem Branchendurchschnitt liegen, besteht unter Umständen ein Optimierungspotenzial. So kann zum Beispiel durch die Einführung moderner Lager- und Produktionsmethoden (z. B. Just in Time-Produktion) die Vorratshaltung gesenkt werden. Eine hohe Vorratsintensität kann auch auf viele „Ladenhüter" hindeuten. Eine steigende Vorratsintensität bei sinkender Umschlagshäufigkeit der Forderungen kann auf Absatzschwierigkeiten hindeuten.

Beispiel: Anlagendeckungsgrad I

Der Anlagendeckungsgrad I ist sehr niedrig, die goldene Bilanzregel ist nicht erfüllt. Dies bedeutet, dass langfristiges Vermögen kurzfristig finanziert ist. Die fehlende Fristenkongruenz bedeutet in Zeiten volatiler Zinsen und erschwerter Neukreditaufnahmen ein erhöhtes Risiko und kann zu einem schwächeren Rating führen.

7.3   Lösung Aufgabe 3

Die Aufgabe erfordert keinerlei Berechnung. Umso mehr Augenmerk muss auf die Erstellung der Präsentation gelegt werden. Es gibt bezüglich der Formeln kein „Richtig" oder „Falsch". Jede Berechnung hat ihre Vor- und Nachteile. Der Prüfungsteilnehmer bzw. die Prüfungsteilnehmerin kann hier demonstrieren, dass er / sie die Kennzahl richtig verstanden hat und sie in einen weiteren Kontext einsortieren kann. Für die Lösungshinweise wurde eine tabellarische Form gewählt. Für die Präsentation sollte eine etwas kreativere Darstellung erfolgen. So lässt sich beispielsweise bei der Darstellung der Umsatzrendite mittels eines Balkendiagramms verdeutlichen, welche Bestandteile der GuV in die Berechnung mit einbezogen werden. Es macht auch Sinn, eine generelle Folie zur Problematik der uneinheitlich definierten Kennzahlen (fehlende Vergleichbarkeit, Missverständnisse etc.) zu erstellen.

Die im Folgenden dargestellten Vor- und Nachteile sind nicht abschließend aufgezählt. Häufig gilt, dass die Vorteile der einen Berechnungsvariante die Nachteile einer anderen sind und umgekehrt.

Berechnung	Zweck / Aussage	Vorteile	Nachteile
Umsatzrentabilität			
$= \dfrac{\text{ordentliches Betriebsergebnis}}{\text{Umsatz}}$	Zeigt an, welcher Prozentsatz des Umsatzes nach Abzug aller operativen Kosten (zuzüglich der übrigen operativen Erträge) im Unternehmen verbleibt.	• Finanzergebnis und a. o. Ergebnis sind. i. d. R. nur schwer vom Unternehmen steuerbar. Die Berechnung auf Basis des operativen Ergebnisses ist somit aussagefähiger bezüglich der Unternehmensleistung. • Nur das operative Ergebnis steht in einem direkten Zusammenhang zum Umsatz. Man kann zwar das Finanzergebnis zum Umsatz in Beziehung setzen, doch gibt es hier keinerlei Korrelation.	• Eher seltene Berechnungsvariante. Dadurch wird die Vergleichbarkeit erschwert. • Shareholder sind am Gesamtgewinn interessiert, nicht an einzelnen Gewinnkomponenten („wichtig ist, was unter dem Strich rauskommt"). Von daher ist die Berechnung auf Basis des ordentlichen Betriebsergebnisses wenig relevant. • Betriebsergebnis muss teilweise erst berechnet werden.
$= \dfrac{\text{Jahresüberschuss vor St. v. EE}}{\text{Umsatz}}$	Zeigt an, welcher Prozentsatz des Umsatzes nach Abzug aller Kosten (zuzüglich aller übrigen Erträge) im Unternehmen verbleibt.	• Aussage über die Rentabilität des Gesamtunternehmens. • Die Berechnung auf Vorsteuerbasis ermöglicht Vergleich zwischen Kapital- und Personengesellschaften. • Vergleich zwischen Unternehmen mit unterschiedlichen Steuersätzen möglich	• Höhe des Steueraufwands sehr wohl vom Unternehmen beeinflussbar (z. B. Höhe der Gewerbesteuer durch Standortwahl).
$= \dfrac{\text{Jahresüberschuss}}{\text{Umsatz}}$	Zeigt an, welcher Prozentsatz des Umsatzes nach Abzug aller Kosten und Steuern (zuzüglich aller übrigen Erträge) im Unternehmen verbleibt.	• Einfache Berechnung • Berücksichtigung latenter Steuereffekte	• Kein Vergleich zwischen Kapital- und Personengesellschaft möglich. • Hohe bilanzpolitische Beeinflussungsmöglichkeit (z. B. durch Aktivierung latenter Steuern).
Dynamischer Verschuldungsgrad			
$= \dfrac{\text{Fremdkapital}}{\text{Cashflow}}$	Zeigt an, in welcher Zeit das Fremdkapital mit Hilfe des Cashflow getilgt werden könnte.	• Einfache Berechnung	• Es wird auf Basis der Bruttoverschuldung gerechnet. Die bereits vorhandenen liquiden Mittel können aber auch zur Schuldentilgung herangezogen werden.

Berechnung	Zweck / Aussage	Vorteile	Nachteile
$= \dfrac{\text{Fremdkapital ./. liquide Mittel}}{\text{Cashflow}}$	Zeigt an, in welcher Zeit das Fremdkapital mit Hilfe des Cashflow und der liquiden Mittel getilgt werden könnte.	• Berechnung auf Basis der Nettoverschuldung	
$= \dfrac{\text{Verbindlichkeiten}}{\text{Cashflow}}$	Zeigt an, in welcher Zeit die Verbindlichkeiten mit Hilfe des Cashflow getilgt werden könnte.	• Pensionsrückstellungen, deren Tilgung nicht möglich ist, werden nicht berücksichtigt.	• Keine Berücksichtigung der kurzfristigen Rückstellungen.

Return on Investment

Berechnung	Zweck / Aussage	Vorteile	Nachteile
$= \dfrac{\text{Gewinn}}{\text{Umsatz}} \times \dfrac{\text{Umsatz}}{\text{Gesamtkapital}}$	Zeigt an, wie viel Gewinn mit dem gesamten Kapital erwirtschaftet werden konnte.	• Einfache Berechnung • Standardformel	• „Gewinn" ist nicht genau definiert. Besser wäre die Bezeichnung „Jahresüberschuss".
$= \dfrac{\text{Gewinn + Zinsaufwand}}{\text{Umsatz}} \times \dfrac{\text{Umsatz}}{\text{Gesamtkapital}}$	Zeigt an, wie viel Gewinn mit dem gesamten Kapital erwirtschaftet werden konnte.	• Da auf Basis des Gesamtkapitals berechnet, macht es Sinn den Zinsaufwand wieder hinzu zu rechnen (analog zur Berechnung der Gesamtkapitalrendite).	• „Gewinn" ist nicht genau definiert.
$= \dfrac{\text{EBIT}}{\text{Umsatz}} \times \dfrac{\text{Umsatz}}{\text{Gesamtkapital}}$	Zeigt an, wie viel Gewinn vor Steuern und Zinsen mit dem gesamten Kapital erwirtschaftet werden konnte.	• Berechnung aus Vorsteuerbasis ermöglicht den Vergleich zwischen Kapital- und Personengesellschaft.	• „EBIT" nicht einheitlich definiert (sonstige Steuern; a. o. Ergebnis; Beteiligungserträge etc.).

7.4   Lösung Aufgabe 4

Zunächst sind die Differenzen pro Bilanzposition zu ermitteln. Das Ergebnis kann (mit Vorzeichen, um spätere Verwechslungen zu vermeiden) direkt neben die jeweilige Position im Aufgabentext geschrieben werden. Dies verhindert unnötiges Abschreiben der einzelnen Positionen.

AKTIVA (in TEUR)	31.12.20x2	31.12.20x1	Differenz
A. Anlagevermögen			
I. Sachanlagen	10.443	9.468	+ 975
II. Finanzanlagen	393	447	- 54
B. Umlaufvermögen			
I. Vorräte	4.563	4.035	+ 528
II. Forderungen aus Lieferungen und Leistungen	7.005	4.779	+ 2.226
III. Sonstige Vermögensgegenstände	1.434	1.518	- 84
IV. Kassenbestand, Guthaben bei Kreditinstituten und Schecks	987	1.077	- 90
Bilanzsumme	24.825	21.324	+ 3.501
PASSIVA (in TEUR)	31.12.20x2	31.12.20x1	
A. Eigenkapital			
I. Gezeichnetes Kapital	2.400	2.400	0
II. Gewinnrücklagen	642	459	+ 183
III. Bilanzgewinn	2.493	1.974	+ 519
B. Rückstellungen			
1. Rückstellungen für Pensionen und ähnliche Verpflichtungen	1.185	1.086	+ 99
2. sonstige Rückstellungen	2.298	1.836	+ 462
C. Verbindlichkeiten			
1. Verbindlichkeiten gegenüber Kreditinstituten	5.601	4.908	+ 693
2. Verbindlichkeiten aus Lieferungen und Leistungen	5.112	4.800	+ 312
3. Verbindlichkeiten gegenüber verbundenen Unternehmen	2.190	1.392	+ 798
4. sonstige Verbindlichkeiten	2.904	2.469	+ 435
Bilanzsumme	24.825	21.324	+ 3.501

Anschließend ist die Beständedifferenzbilanz aufzustellen. Diese sollte auf einer separaten Folie oder auf einem Flipchartblatt präsentiert werden. Es bietet sich an, die Beständedifferenzbilanz und die Bewegungsbilanz auf zwei unterschiedlichen Medien darzustellen. So bleiben beide gleichzeitig sichtbar und man kann besser den Zusammenhang zwischen den beiden Bilanzen erläutern. Anhand der berechneten Differenzen ergibt sich folgende Beständedifferenzbilanz:

Aktiva		Passiva	
A. Anlagevermögen		A. Eigenkapital	
I. Sachanlagen	+ 975	I. Gezeichnetes Kapital	0
II. Finanzanlagen	-54	II. Gewinnrücklagen	+ 183
B. Umlaufvermögen		III. Bilanzgewinn	+ 519
II. Vorräte	+ 528	B. Rückstellungen	
II. Forderungen aus Lieferungen und Leistungen	+ 2.226	1. Rückstellungen für Pensionen und ähnliche Verpflichtungen	+ 99
III. Sonstige Vermögensgegenstände	- 84	2. Sonstige Rückstellungen	+ 462
IV. Kassenbestand, Guthaben bei Kreditinstituten und Schecks	- 90	C. Verbindlichkeiten	
		1. Verbindlichkeiten gegenüber Verbindlichkeiten gegenüber Kreditinstituten	+ 693
		2. Verbindlichkeiten aus Lieferungen und Leistungen	+ 312
		3. Verbindlichkeiten gegenüber verbundenen Unternehmen	+ 798
		4. Sonstige Verbindlichkeiten	+ 435
Summe	+ 3.501	Summe	+ 3.501

Die Beständedifferenzenbilanz ist dann in die Bewegungsbilanz zu überführen.

Mittelverwendung		Mittelherkunft	
Aktivzunahmen:		**Passivzunahmen:**	
• Sachanlagen	+ 975	• Gewinnrücklagen	+ 183
• Vorräte	+ 528	• Bilanzgewinn	+ 519
• Forderungen LuL	+ 2.226	• Pensionsrückstellung	+ 99
	= 3.729	• So. Rückstellungen	+ 462
		• Verbindlichkeiten KI	+ 693
		• Verbindlichkeiten LuL	+ 312
		• So. Verbindlichkeiten	+ 435
			= 3.501
Passivabnahmen: Keine		**Aktivabnahmen:**	
		• Finanzanlagen	54
		• Sonstige Vggst.	84
		• Kasse	90
			228

7.5   Lösung Aufgabe 5

Bei dieser Aufgabe ist die Aufgabenstellung offengehalten. Anstelle eines „Arbeitsprogramms" nach dem Motto „Berechnen Sie die folgenden Kennzahlen…" müssen sich der Prüfungsteilnehmer bzw. die Prüfungsteilnehmerin hier gedanken machen, was sie präsentieren möchten. Hierzu sollte ein kurzes Brainstorming zum Thema GuV-Analyse veranstaltet werden. Dabei sollte beachtet werden, dass in der Aufgabe nur eine GuV und keine Bilanz gegeben ist. Eigen- und Gesamtkapitalrentabilität sowie die diversen Umschlagshäufigkeiten lassen sich somit nicht berechnen. In Betracht kommende Begriffe sind u. a. :

- Erfolgsspaltung
- EBIT / EBITDA
- Umsatzrentabilität
- Materialaufwandsquote

Sobald Anhangsangaben in der Aufgabenstellung gegeben sind, sollten diese aufmerksam gelesen werden, da sie meistens einen Clou enthalten. In der vorliegenden Aufgabe bedürfen mit Sicherheit die hohen sonstigen betrieblichen Erträge und Aufwendungen einer näheren Betrachtung. Da diese auf Aktienoptionsgeschäften beruhen und somit nicht dem eigentlichen Betriebszweck (produzierendes Unternehmen) dienen, sollten die entsprechenden Aufwendungen und Erträge in das Finanzergebnis umgegliedert werden. Insofern bietet sich die Vornahme einer Erfolgsspaltung an. Diese kann in tabellarischer Form mit Hilfe einer Folie präsentiert werden.

Beispiel:	für eine Erfolgsspaltung	

Gewinn- und Verlustrechnung 1.1- 31.12.20x2 (in TEUR)	20x2	20x1
Gesamtleistung	23.331	22.590
+ Sonstige betriebliche Erträge ./. Erträge aus Aktienkurssicherung	1.551	1.011
./. Materialaufwand	12.510	10.980
./. Personalaufwand	4.074	3.792
./. Abschreibungen auf immaterielle Ver- mögensgegenstände des Anlagever- mögens und auf Sachanlagen	1.707	1.596
./. Sonstige betriebliche Aufwendungen (bereinigt um die Aufwendungen für Aktienoptionen)	3.972	2.801
./. Sonstige Steuern	146	145
= ordentliches Betriebsergebnis	2.473	4.287
Erträge aus Beteiligungen	3.021	3.669
+ Zinsen und ähnliche Erträge	1.200	501
./.Zinsen und ähnliche Aufwendungen	1.617	816
+ Summe der Erträge und Aufwendungen aus Aktienoptionen	20.502	9.782
= Finanzergebnis	23.106	13.136
Steuern vom Einkommen und vom Ertrag	7.595	5.187

Drei wesentliche Punkte fallen auf, die den Kern der weiteren Präsentation bilden sollten:

■ Trotz leichtem Umsatzanstieg ist das ordentliche Betriebsergebnis um 42,3 % gesunken. Dies deutet darauf hin, dass die Aufwendungen stärker gestiegen sind als die Erträge. So beträgt der Umsatzanstieg 4,4 %, während der Materialaufwand um 13,9 % und der Personalaufwand um 7,4 % gestiegen sind.

■ Der überwiegende Teil des Jahresüberschusses entstammt dem Finanzergebnis und hierbei dem Ergebnis aus den Aktienoptionsgeschäften. Dies hat nichts mit dem eigentlichen Geschäftszweck zu tun. Auch wenn in den letzten zwei Jahren Gewinne erzielt wurden, sind Aktienoptionen mit einem erheblichen Risiko verbunden. Hier ist fraglich, ob ein Unternehmen, welches diese Geschäfte quasi „nebenbei" macht, über ein angemessenes Risikomanagement verfügt.

■ Das Zinsergebnis lässt auf ein ineffizientes Cash Management schließen. In der Regel besteht ein deutlicher Spread (eine Differenz) zwischen Soll- und Haben-Zinsen. So erhält man deutlich weniger Zinsen für sein Sparguthaben, als man für einen Kredit aufwenden muss. Die Tatsache, dass das Unternehmen 1.200 TEUR Zinserträge generieren konnte, deutet auf hohe liquide Mittel hin. Insofern ist es wenig verständlich, warum gleichzeitig 1.617 TEUR Zinsaufwendungen angefallen sind. Hier ist fraglich, ob z. B. Kontokorrentlinien genutzt wurden, obwohl ausreichend liquide Mittel zur Verfügung gestanden hätten.

Diese drei Punkte bilden drei mögliche Schlussfolgerungen aus der GuV-Analyse. Sie sind entsprechend zu präsentieren, wobei hier wieder die Kreativität der Prüfungsteilnehmer(innen) gefragt ist.

Abschließend sind die Empfehlungen an das Unternehmen zu formulieren. Diese sollten auf den zuvor gezogenen Schlussfolgerungen basieren. Mögliche Empfehlungen sind:

■ Analyse über die Ursachen des hohen Anstiegs der Materialkosten durchführen. Bestehen hier Möglichkeiten zur Kostensenkung (z. B durch bessere Ausnutzung von Mengenrabatten und Skonti)?

■ Sicherstellen, dass das Risiko aus den Aktienoptionsgeschäften richtig unter Kontrolle ist. Eventuell sollte das Unternehmen in einen Holding- und einen produzierenden Teil aufgespalten werden.

■ Bessere Nutzung der im Unternehmen vorhandenen Liquidität, um die Zinsaufwendungen zu senken.

7.6 Lösung Aufgabe 6

Bei dieser Aufgabe liegt der Schwerpunkt wieder eindeutig auf der Erstellung der Präsentation. Berechnungen sind keine vorzunehmen.

Was ist ein Cashflow?

Unter dem Begriff Cashflow versteht man die Zu- und Abflüsse von Zahlungsmitteln und Zahlungsmitteläquivalenten (liquide Mittel) innerhalb einer Rechnungslegungsperiode (vgl. IAS 7.6). Im Gegensatz zur GuV werden in der Cashflow-Rechnung nur pagatorische Größen (Ein- und Auszahlungen) erfasst. Dabei gilt: Liquide Mittel$_{1.1.}$ + Cashflow$_{1.1.-31.12.}$ = Liquide Mittel$_{31.12.}$

Wie wird der Cashflow ermittelt?

Der Cashflow kann nach der direkten oder der indirekten Methode ermittelt werden. Bei der direkten Methode ergibt sich der Cashflow aus der Summe der Einnahmen abzüglich der getätigten Ausgaben. Es wird also direkt auf reale Zahlungsströme abgestellt. Allerdings stehen die hierzu benötigten Informationen einem externen Bilanzleser häufig nicht zur Verfügung. Bei der indirekten Methode werden, ausgehend vom Jahresergebnis, alle zahlungsunwirksamen Aufwendungen und Erträge bereinigt. Beide Berechnungsvarianten führen zu dem gleichen Ergebnis.

Direkte Methode	Indirekte Methode
Zahlungswirksame Erlöse	Jahresüberschuss / Jahresfehlbetrag
./. Zahlungswirksame Aufwendungen	+ Zahlungsunwirksame Aufwendungen
= Cashflow	./. Zahlungsunwirksame Erträge
	= Cashflow

In welche drei Teile wird der Cashflow normalerweise gegliedert?

Der Cashflow gliedert sich in den:

- Cashflow aus operativer Tätigkeit

- Cashflow aus Investitionstätigkeit

- Cashflow aus Finanzierungstätigkeit

Im Cashflow aus operativer Tätigkeit werden die Zu- und Abflüsse von liquiden Mitteln aufgrund der betrieblichen Tätigkeit des Unternehmens erfasst. Die Zu- und Abflüsse von liquiden Mitteln aus dem Erwerb bzw. der Veräußerung von langfristigen Vermögenswerten werden im Cashflow aus Investitionstätigkeit erfasst. Im Cashflow aus Finanzierungstätigkeit werden dagegen die Zu- und Abflüsse von liquiden Mitteln aus Tätigkeiten, welche sich auf den Umfang und die Zusammensetzung des eingesetzten Kapitals auswirken, erfasst (vgl. IAS 7.6).

Welche bilanzpolitischen Gestaltungsspielräume mit Bezug auf die Cashflow Rechnung gibt es? Wie wirken sich diese aus?

Auch in Bezug auf den Cashflow gibt es eine Reihe von bilanzpolitischen Gestaltungsmöglichkeiten. Wichtig ist, dass sich sämtliche Maßnahmen auf die Höhe der liquiden Mittel auswirken müssen. Rein buchhalterische Veränderungen, etwa die Umgliederung von Anlage- ins Umlaufvermögen oder die Wahl der Abschreibungsmethode haben keine Auswirkung auf den Cashflow. Beispiele für den Cashflow beeinflussende Maßnahmen sind:

- „Zahlungsstopp" (z. B. keine Lieferantenzahlungen im Dezember): Hierdurch erhöhen sich zwar die kurzfristigen Verbindlichkeiten, die liquiden Mittel verbleiben aber zunächst weiterhin im Unternehmen und erhöhen so den Cashflow.

- Verschiebung von Reparaturen und Instandhaltungen ins nächste Jahr: Ähnlich wie beim Zahlungsstopp verbleiben die liquiden Mittel so zunächst im Unternehmen und erhöhen den Cashflow. Die eventuelle Bildung einer Rückstellung für Instandhaltung beeinflusst den Cashflow dagegen nicht.

■ Factoring: Hierdurch werden die Forderungen schneller in liquide Mittel umgewandelt.

■ Dauerfristverlängerung: Hierdurch fallen die monatlichen Umsatz- und Körperschaft-steuerzahlungen einen Monat später an.

■ Bezahlung von Mitarbeiter-Boni im Januar: Viele Mitarbeiter haben eine erfolgs-abhängige Vergütung (Bonus). Gerade im Verkaufsbereich kann diese das Grundgehalt weit übersteigen. Wird der Bonus im Januar statt im Dezember gezahlt, wirkt sich dies positiv auf den Cashflow zum 31.12. aus.

■ Pensionsgeschäfte (vgl. § 340b HGB): Hierbei werden beispielsweise Wertpapiere des Anlagevermögens an eine Bank verkauft mit der Maßgabe, die Papiere zu einem späteren Zeitpunkt wieder zurück zu erwerben. Es werden also Vermögensgegenstände kurzfristig in liquide Mittel umgewandelt.

■ Dem Pensionsgeschäft vom Ablauf her ähnlich ist das Sale and Lease Back von Ver-mögenswerten: Hierbei werden Vermögensgegenstände, in der Regel Sachanlagen, ver-kauft und anschließend zurückgeleast. Durch den Verkauf fließt zunächst ein großer Betrag an liquiden Mitteln ins Unternehmen. In den folgenden Jahren bewirken die Leasingraten wiederum einen Abfluss an liquiden Mitteln.

7.7   Lösung Aufgabe 7

1. Ermitteln Sie auf Basis der beigefügten Rating-Scorecard der A-Bank das Rating der X-GmbH unter Zugrundelegung des Jahresabschlusses 20X2.

Zunächst sind die fünf in der Rating Scorecard genannten Bilanzkennzahlen zu berechnen.

a. Statischer Verschuldungsgrad

$$StatischerVerschuldungsgrad = \frac{Fremdkapital}{Eigenkapital} \times 100$$

Zunächst sind das Eigen- und Fremdkapital mit Hilfe einer Nebenrechnung zu er-mitteln.

Eigenkapital:	388.280	Gezeichnetes Kapital
	1.732.540	Kapitalrücklage
	2.040	Gewinnrücklagen
	1.327.600	Bilanzgewinn
	3.450.460	Eigenkapital

Fremdkapital: 4.983.720   Gesamtkapital

./. 3.450.460   Eigenkapital

= 1.533.260   Fremdkapital

➜ Statischer Verschuldungsgrad $= \dfrac{1.533.260}{3.450.460} \times 100 = 44\,\% \Rightarrow R1$

Der statische Verschuldungsgrad der X-GmbH fällt in die Bandbreite der Ratingkategorie R1.

b. Umschlagshäufigkeit des Gesamtvermögens

$$\text{Umschlagshäufigkeit}_{GV} = \frac{\text{Umsatz}}{\varnothing \text{ Gesamtvermögen}} \times 100$$

Zunächst ist das durchschnittliche Gesamtvermögen zu berechnen. Dieses ermittelt sich wie folgt:

$$\varnothing \text{ Gesamtvermögen} = \frac{\text{Gesamtvermögen 20 x 2 + Gesamtvermögen 20 x 1}}{2} = \frac{4.983.720 + 4.434.540}{2} = 4.709.130$$

$$\text{Umschlaghäufigkeit}_{GV} = \frac{3.694.460}{4.709.130} = 0,78 \Rightarrow R3$$

c. Umschlagsdauer der Forderungen

Zunächst ist die Umschlagshäufigkeit der Forderungen zu berechnen.

$$\text{Umschlagshäufigkeit}_{\text{Forderungen}} = \frac{\text{Umsatz x 1,19}}{\varnothing \text{ Forderungen aus Lieferungen und Leistungen}}$$

$$\varnothing \text{ Forderungen aus Lieferungen und Leistungen} = \frac{\text{Anfangsbestand + Endbestand}}{2} = \frac{506.560 + 400.160}{2} = 453.360$$

$$\text{Umschlagshäufigkeit}_{\text{Forderungen}} = \frac{3.694.460 \text{ x } 1,19}{453.360} = 9,7$$

$$\text{Umschlagsdauer}_{\text{Forderungen}} = \frac{365 \text{ Tage}}{\text{Umschlagshäufigkeit der Forderungen}} = \frac{365}{9,7} = 37,6 \text{ Tage} \Rightarrow R2$$

d. Gesamtkapitalrentabilität

$$\text{Gesamtkapitalrentabilität} = \frac{\text{Jahresüberschuss vor Ertragssteuern und Zinsaufwand}}{\varnothing \text{ Gesamtkapital}} \times 100 = 10,2\,\% \Rightarrow R3$$

e. Liquidität I Grades:

> **Hinweis:** Wie aus dem Anhang zu entnehmen ist, sind sämtliche Verbindlichkeiten kurzfristig. Da auch die sonstigen Rückstellungen kurzfristig sind, ist sämtliches Fremdkapital der X-GmbH kurzfristig.

$$\text{Liquidität I. Grades} = \frac{\text{Liquide Mittel}}{\text{kurzfristiges Fremdkapital}} \times 100 = \frac{1.260.500}{1.533.260} \times 100 = 82,2\,\% \Rightarrow R1$$

Somit ergibt sich folgendes Gesamtrating:

Kennzahl	Gewichtung	Einzelrating	Gewichtetes Rating
Statischer Verschuldungsgrad	20 %	R1 (=1)	0,2
Umschlagshäufigkeit des Gesamtvermögens	15 %	R3 (= 3)	0,45
Umschlagsdauer der Forderungen	15 %	R2 (= 2)	0,30
Gesamtkapitalrentabilität	25 %	R3 (= 3)	0,75
Liquidität I. Grades	25 %	R1 (= 1)	0,25
		Summe:	1,95

Zur Gewichtung der Einzelratings wird die Ratigkategorie (1-5) mit der Gewichtung multipliziert. Als Ergebnis erhält man einen Wert 1,95. Dieser fällt laut Rating-Scorecard in die Kategorie **R2**.

> 2. Erläutern und begründen Sie drei qualitative Faktoren, welche Sie als zuständiger Kreditsachbearbeiter zusätzlich zu den Finanzkennzahlen für eine Kreditentscheidung heranziehen würden.

Beispiele für qualitative Faktoren sind:

- Branchenzugehörigkeit
  Hier ist darauf zu achten, ob das Unternehmen in einer zukunftsträchtigen Branche (Unterhaltung, Life Science etc.) tätig ist oder nicht. Hieraus lassen sich Rückschlüsse auf die weitere Unternehmensentwicklung gewinnen

■ Qualität des Managements
Je erfahrener das Management ist, desto besser wird ein Unternehmen auch Krisensituationen meistern können. Eine robuste Corporate Governance trägt auch dazu bei, die Wahrscheinlichkeit von Fehlinvestitionen, Diebstahl und Betrug etc. zu verringern.

■ Image
Je besser das Image einer Firma ist, desto besser funktioniert die Kundenbindung. Dadurch lassen sich nachhaltigere Ergebnisse erzielen.

7.8   Lösung Aufgabe 8

Lösungshinweise für die Aufgabe zur Umschlagshäufigkeit

1. Berechnen und erläutern Sie die folgenden Kennzahlen für das Geschäftsjahr 20x2:

a. Umschlagshäufigkeit des Sachanlagevermögens:

$$UH_{SAV} = \frac{Umsatz}{\varnothing \ Bestand \ SAV}$$

wobei

$$Bestand \ SAV = \frac{Anfangsbestand + Endbestand}{2} = \frac{5.700 + 5.800}{2} = 5.750$$

$$UH_{SAV} = \frac{28.200}{5.750} = 4,90$$

Die Umschlagshäufigkeit des Sachanlagevermögens gibt Auskunft darüber, wie häufig das Sachanlagevermögen in der Berichtsperiode umgeschlagen wurde. Dies ist ein Indikator für die Kapitalbindung im Unternehmen – je geringer die Umschlagshäufigkeit, desto höher die Kapitalbindung. Die Kennzahl ist stark branchenabhängig. Anlagenintensive Produktionsunternehmen in der Industrie oder Immobiliengesellschaften haben eine sehr geringe Umschlagshäufigkeit des Sachanlagevermögens (teilweise < 1), während Handels- und Dienstleistungsunternehmen eine höhere Umschlagshäufigkeit des Sachanlagevermögens aufweisen. Die Kennzahl eignet sich somit nur für den Vergleich von Unternehmen derselben Branche.

b. Umschlagshäufigkeit des Gesamtvermögens:

$$UH_{GV} = \frac{Umsatz}{\varnothing \ Gesamtvermögen}$$

wobei

$$\varnothing \ Gesamtvermögen = \frac{Anfangsbestand + Endbestand}{2} = \frac{25.600 + 25.000}{2} = 25.300$$

$$UH_{GV} = \frac{28.200}{25.300} = 1{,}11$$

Auch die Umschlagshäufigkeit des Gesamtvermögens gibt Auskunft über die Kapitalbindung. Wie schon bei der Umschlagshäufigkeit des Sachanlagevermögens ist die Kennzahl stark branchenabhängig. Die Umschlagshäufigkeit des Gesamtvermögens hat einen direkten Einfluss auf die Höhe des Return on Investment (vgl. DuPont Schema). Die Umschlagshäufigkeit des Gesamtvermögens von 1,1 zeigt eine recht hohe Kapitalbindung, was zu einem niedrigeren Return on Investment führt.

c. Umschlagshäufigkeit des Vorratsvermögens:

$$UH_{Vorräte} = \frac{Umsatz}{\varnothing \; Vorratsvermögen}$$

wobei

$$\varnothing \; Vorratsvermögen = \frac{Anfangsbestand + Endbestand}{2} = \frac{2.200 + 2.000}{2} = 2.100$$

$$UH_{Vorräte} = \frac{28.200}{2.100} = 13{,}43$$

Das Vorratsvermögen wurde im Geschäftsjahr 20x2 13,43-mal umgeschlagen. Hieraus lassen sich Rückschlüsse über die durchschnittliche Lagerdauer sowie über die Kapitalbindung ziehen.

d. Umschlagshäufigkeit und -dauer der Forderungen:

$$UH_{Forderungen} = \frac{Umsatz \; (brutto)}{\varnothing \; Forderungen \; LuL}$$

wobei

Umsatz (brutto) = 28.200 x 1,19 = 33.558

$$\varnothing \; Forderungen \; LuL = \frac{Anfangsbestand + Endbestand}{2} = \frac{7.300 + 7.000}{2} = 7.150$$

$$UH_{Forderungen} = \frac{33.558}{7.150} = 4{,}69$$

$$UD_{Forderungen} = \frac{365 \; Tage}{Umschlagshäufigkeit \; Forderungen} = \frac{365}{4{,}69} = 77{,}83 \approx 78 \; Tage$$

Mit Hilfe von Umschlagshäufigkeit und Umschlagsdauer der Forderungen lassen sich Rückschlüsse auf den durchschnittlichen Forderungszeitraum treffen. Um den Wert von 78 Tagen richtig beurteilen zu können, muss man noch das den Kunden eingeräumte Zahlungsziel kennen. Wurde den Kunden z. B. ein Zahlungsziel von 90 Tagen eingeräumt, sind keine weiteren Maßnahmen zu ergreifen, da die Kunden deutlich vor Ablauf des

Zahlungsziels zahlen. Wird dagegen lediglich ein Zahlungsziel von 60 oder gar nur 30 Tagen eingeräumt, sollte das Unternehmen aktiv werden und die Umschlagsdauer der Forderungen senken (z. B. durch verbessertes Mahnwesen).

e. Umschlagshäufigkeit und -dauer der Verbindlichkeiten:

$$UH_{Verbindlichkeiten} = \frac{\text{Materialaufwand (brutto)}}{\varnothing \text{ Verbindlichkeiten LuL}}$$

wobei

Materialaufwand (brutto) = 12.500 x 1,19 = 14.875

$$\varnothing \text{ Verbindlichkeiten LuL} = \frac{\text{Anfangsbestand + Endbestand}}{2} = \frac{2.600 + 2.500}{2} = 2.550$$

$$UH_{Verbindlichkeiten} = \frac{14.875}{2.550} = 5,83$$

$$UD_{Verbindlichkeiten} = \frac{365 \text{ Tage}}{\text{Umschlagshäufigkeit Verbindlichkeiten}} = \frac{365}{5,83} = 62,6 \approx 63 \text{ Tage}$$

Aus Umschlagshäufigkeit und Umschlagsdauer der Verbindlichkeiten lässt sich erkennen, wie lange sich ein Unternehmen durchschnittlich Zeit lässt, um seine Lieferanten- rechnungen zu bezahlen. Je höher der Wert, desto mehr Lieferantenkredit wird verwendet. Die Verwendung des Lieferantenkredits macht aber nur Sinn, wenn dadurch keine Skonti verloren gehen, da der positive Nutzen eines Skonto in der Regel den eines Lieferanten- kredits übersteigt. Liegt die Umschlagsdauer der Verbindlichkeiten deutlich über dem eingeräumten Zahlungsziel, drohen unter Umständen Mahngebühren.

Hinweis: Die Aufgabe bietet bis jetzt wenig Möglichkeiten zur Präsentation. In der Prüfung sollte die Berechnung der Kennzahlen auf einer Folie oder dem Flipchart (eine Seite pro Kennzahl) dargestellt werden. Die Erläuterung der Kennzahlen sollte aus- schließlich verbal erfolgen, wobei sich der Prüfungsteilnehmer bzw. die Prüfungsteil- nehmerin eventuell Stichworte auf Handkarten schreiben kann.

2. Nennen Sie drei Möglichkeiten, wie die R-AG ihre Umschlagsdauer der Forderungen verkürzen könnte.

a. Verbessertes Mahnwesen
   i. Nur möglich, wenn das den Kunden eingeräumte Zahlungsziel weniger als 78 Tage beträgt.
   ii. Relativ kostengünstige Methode
   iii. u. U. können Kunden verärgert auf die Mahnungen reagieren
b. Durch die Gewährung von Skonti die Kunden zur schnelleren Bezahlung anreizen
   i. Relativ teuer

c. Factoring
    i.   Relativ teuer
    ii. Nur für bestimmte Forderungen durchführbar
    iii. Mahnwesen wird vom Factoringunternehmen übernommen. Das Unternehmen
         hat somit keine Kontrolle über diesen sensiblen Kundenkontakt, der häufig in
         seinem Namen (stilles Factoring) erfolgt.

7.9 Lösung Aufgabe 9

Rekonstruktion der Bilanz

Hinweis: Sämtliche verwendeten Kennzahlen sollten dem Prüfling bekannt sein. Durch
Umstellung der Formeln lassen sich die Bilanzzahlen errechnen. Sämtliche Zahlen lauten
auf runde Beträge, so dass eine Berechnung eindeutig ist.

a. Ermittlung des Jahresüberschusses

Umsatzrendite	= (Jahresüberschuss / Umsatz) x 100
2.50 %	= (Jahresüberschuss / 50.000) x 100
Jahresüberschuss	= 50.000 x 0,025
Jahresüberschuss	= **1.250 TEUR**

b. Ermittlung des Eigenkapitals

Eigenkapitalrendite	= (Jahresüberschuss / Eigenkapital) x 100
5,00 %	= (1.250 / Eigenkapital) x 100
Eigenkapital	= 1.250 / 0,05
Eigenkapital	= **25.000**

c. Ermittlung des Anlagevermögens

Anlagendeckungsgrad I	= (Eigenkapital / Anlagevermögen) x 100
20%	= (25.000 / Anlagevermögen) x 100
Anlagevermögen	= 25.000 / 0,2
Anlagevermögen	= **125.000**

d.   Ermittlung des langfristigen Fremdkapitals

Anlagendeckungsgrad II   = ((EK + langfristiges FK) / Anlagevermögen x 100

30 %   = ((25.000 + langfristiges FK) / 125.000) x 100

Langfristiges FK   = 0,3 x 125.000 ./. 25.000 (Punktrechnung vor Strichrechnung!)

Langfristiges FK   = **12.500**

e.   Ermittlung der Bilanzsumme

Anlagenintensität   = (Anlagevermögen / Bilanzsumme) x 100

62,5 %   = (125.000 / Bilanzsumme) x 100

Bilanzsumme   = 125.000 / 0.625

Bilanzsumme   = **200.000**

f.   Ermittlung Umlaufvermögen

Umlaufvermögen   = Bilanzsumme ./. Anlagevermögen

Umlaufvermögen   = 200.000 ./. 125.000

Umlaufvermögen   = **75.000**

g.   Ermittlung des kurzfristigen FK

Liquidität III. Grades   = (Umlaufvermögen / kurzfristiges FK) x 100

150 %   = (75.000 / kurzfristiges FK) x 100

Kurzfristiges FK   = 75.000 / 1,5

Kurzfristiges FK   **50.000**

h.   Ermittlung mittelfristiges FK

Mittelfristiges FK   = Bilanzsumme ./. EK ./. kurzfristigs FK ./. langfristiges FK

Mittelfristiges FK   = 200.000 ./. 25.000 ./. 50.000 ./. 12.500

Mittelfristiges FK   = **112.500**

Bilanz:

Aktiva	31.12. 20x1		Passiva
Anlagevermögen	125.000	Eigenkapital	25.000
Umlaufvermögen	75.000	Verbindlichkeiten	
		- langfristig	12.500
		- mittelfristig	112.500
		- kurzfristig	50.000
Summe	200.000	Summe	200.000

7.10 Lösung Aufgabe 10

Die Aufgabenstellung ist sehr offen gestellt. Die Beantwortung der in der Aufgabe genannten Punkte wird kaum mehr als fünf Minuten dauern. Insofern muss sich der Prüfungsteilnehmer bzw. die Prüfungsteilnehmerin überlegen, welche weiteren Aspekte mit Bezug zum Thema Kennzahlen er bzw. sie noch darstellen möchte. Nachstehend werden einige Ideen hierzu genannt.

Sinn und Nutzen

Kennzahlen dienen dazu, betriebliche Tatbestände und Zusammenhänge in komprimierter Form darzustellen. Mit Hilfe dieser Darstellung lassen sich dann Aussagen zur wirtschaftlichen Entwicklung sowie zur Vermögens-, Finanz- und Ertragslage des Unternehmens treffen.

Abbildung 7.1   Klassifikation von Kennzahlen

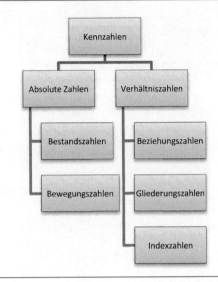

Kennzahlenarten

Kennzahlen lassen sich wie folgt einteilen:

Bestandszahlen: Dienen zur Darstellung einer zeitpunktbezogene Größe. Sie werden daher auch als Zeitpunktkennzahlen bezeichnet. Ein Beispiel hierfür sind die einzelnen Bilanzpositionen, z. B. die liquiden Mittel.

Bewegungszahlen: Dienen zur Darstellung einer zeitraumbezogenen Größe. Sie werden daher auch als Zeitraumkennzahlen bezeichnet. Ein Beispiel hierfür sind die einzelnen GuV Positionen (z. B. der Umsatz) oder der Cashflow.

Beziehungszahlen: Dienen zur Darstellung von Zusammenhängen. Hierzu werden verschiedenartige Größen, zwischen denen ein kausaler Zusammenhang besteht, zu einander in Beziehung gesetzt. Ein Beispiel hierfür sind die diversen Rentabilitäten bei denen eine Bestandszahl (z. B. Eigenkapital) mit einer Bewegungszahl (z. B. Jahresüberschuss) ins Verhältnis gesetzt wird. Es können aber auch zwei Bewegungszahlen (z. B. Umsatzrendite) oder zwei Bestandskennzahlen (statischer Verschuldungsgrad) ins Verhältnis gesetzt werden.

Gliederungszahlen:	Dienen zur Darstellung des Anteils einer Teilmenge an einer Gesamtmenge. Beispiele hierfür sind die Vermögensintensitäten (z. B. Anlagenintensität) bzw. die Kapitalquoten (z. B. Eigenkapitalquote).
Indexzahlen:	Dienen zur Darstellung der zeitlichen Entwicklung von gleichartigen Größen. Ein Beispiel hierfür ist die Darstellung der relativen Umsatzentwicklung über einen bestimmten Zeitraum.

Arten der Kennzahlenanalyse

Kennzahlen können zu verschiedenen Analysearten verwendet werden, z. B. zur

- Zeitreihenanalyse:
  Analyse der Veränderung einer Kennzahl über einen bestimmten Zeitraum hinweg

- Soll-Ist Analyse:
  Vergleich einer Ist-Kennzahl mit einem Vorgabewert (z. B. Plan / Budget) und Analyse der Abweichungen

- Unternehmensvergleichsanalyse:
  Vergleich von Kennzahlen verschiedener Kennzahlen

- Benchmarkanalyse:
  Vergleich von Unternehmenskennzahlen mit einem Benchmarkwert (z. B. orientiert am Branchendurchschnitt oder am Marktführer).

Weitere mögliche Punkte die dargestellt werden können:

- Teilweise können Kennzahlen aufeinander aufbauen. Hieraus lassen sich sog. Kennzahlensysteme entwickeln, z. B. das DuPont Schema.

- Kennzahlen sind häufig nicht einheitlich definiert, was einen Vergleich von Kennzahlen erschweren kann.

- Kennzahlen lassen sich durch bilanzpolitische Gestaltungen manipulieren. Hierdurch wird die Möglichkeit von Unternehmensvergleichsanalysen stark eingeschränkt (z. B. unterschiedliche Ausübung von Aktivierungswahlrechten, unterschiedliche Wahl der Abschreibungsmethode etc.)

- Zeitreihenanalysen können durch veränderte Rechnungslegungsvorschriften (z. B. BilMoG) oder Steuersätze beeinflusst werden.

- Kennzahlen dienen als sog. quantitative Faktoren im Ratingprozess

- Kennzahlen dienen als sog. Financial Covenants dazu, bestimmte wirtschaftliche Entwicklungen bei Kreditnehmern zu beobachten.

7.11   Lösung Aufgabe 11

Es handelt sich um eine offene Aufgabenstellung, d. h. der Prüfungsteilnehmer bzw. die Prüfungsteilnehmerin muss entscheiden, was er / sie darstellen möchte. Folgende Punkte sollten beachtet werden:

■ Gefordert ist eine Darstellung der Entwicklung der VFE Lage. Es ist sicherzustellen, dass alle drei Bereiche (Vermögens-, Finanz- und Ertragslage) dargestellt werden. Werden z. B. nur Kennzahlen zur Vermögens- und Ertragslage dargestellt, ist die Aufgabe nicht vollständig bearbeitet.

■ Der Schwerpunkt bei der Teil C Prüfung liegt auf der Präsentation. Es sollten nicht zu viele Kennzahlen berechnet werden, sondern maximal ein zwei pro Kategorie (V,F,E). Selbst das erscheint sehr ambitioniert → 2 Kennzahlen x 3 Kategorien x 5 Jahre = 30 Kennzahlen! 30 Kennzahlen im Prüfungsstress berechnen und darstellen ist eine Herausforderung. Daher besser zunächst eine Kennzahl pro Kategorie berechnen und die Präsentation hierfür erstellen. Sollte dann noch Zeit übrig bleiben, kann man weitere Kennzahlen ermitteln.

Folgende Kennzahlen lassen sich u. a. mit Hilfe der angegebenen Zahlen berechnen:

Kennzahl	Formel	Kategorie	Anmerkung
EBIT Marge	$\dfrac{EBIT}{Umsatz} \times 100$	Ertragslage	
Return on Investment	$\dfrac{EBIT}{Umsatz} \times \dfrac{Umsatz}{Gesamtkapital} \times 100$	Ertragslage	
Eigenkapitalquote	$\dfrac{Eigenkapital}{Gesamtkapital} \times 100$	Finanzlage	
Fremdkapitalquote	$\dfrac{Fremdkapital}{Gesamtkapital} \times 100$	Finanzlage	
Statischer Verschuldungsgrad	$\dfrac{Fremdkapital}{Eigenkapital} \times 100$	Finanzlage	
Liquidität I. Grades	$\dfrac{Liquide\ Mittel}{kurzfristige\ Schulden} \times 100$	Finanzlage	Die kurzfristigen Schulden entsprechen dem kurzfristigen Fremdkapital in der Strukturbilanz (kurzfristige Verbindlichkeiten + kurzfristige Rückstellungen).

Kennzahl	Formel	Kategorie	Anmerkung
Anlagendeckungsgrad	$\dfrac{\text{Eigenkapital}}{\text{Langfristige Vermögenswerte}} \times 100$	Finanzlage	Die langfristigen Vermögenswerte beinhalten das Vermögen mit einer Fristigkeit von mehr als einem Jahr. Dies kann auch langfristige Rechnungsabgrenzungsposten enthalten. Insofern trifft die Berechnung nicht ganz die Standarddefinition. Die Aussage ist aber identisch – langfristiges Vermögen soll langfristig finanziert sein.
Anlagenintensität	$\dfrac{\text{Langfristige Vermögenswerte}}{\text{Gesamtvermögen}} \times 100$	Vermögenslage	Die langfristigen Vermögenswerte beinhalten das Vermögen mit einer Fristigkeit von mehr als einem Jahr. Dies kann auch langfristige Rechnungsabgrenzungsposten enthalten. Insofern trifft die Berechnung nicht ganz die Standarddefinition. Die Aussage ist aber identisch – Anteil des langfristigen Vermögens am Gesamtvermögen.
Umschlagshäufigkeit des Gesamtvermögens	$\dfrac{\text{Umsatz}}{\varnothing\ \text{Gesamtvermögen}} \times 100$	Vermögenslage	Das durchschnittliche Gesamtvermögen lässt sich für die Jahre 20x2 bis 20x5 berechnen. Für 20x1 fehlt der Vorjahreswert.

Die Ergebnisse der Kennzahlenberechnung sind dann entsprechend zu präsentieren. Hierbei sind möglichst Zusammenhänge und Wechselwirkungen aufzuzeigen. So fällt direkt auf, dass dem Anstieg des Umsatzes ein Rückgang des EBIT gegenübersteht. Hier kann man beispielsweise EBIT-Marge und Umsatz in einem Liniendiagramm vergleichen.

7.12   Lösung Aufgabe 12

| 1. Analyse der Ertragslage

Die Aufgabenstellung ist wiederum offen, so dass es dem Prüfungsteilnehmer bzw. der Prüfungsteilnehmerin überlassen ist, was er / sie präsentieren möchte. Zwei Punkte sollten bei der Erstellung der Präsentation beachtet werden:

■ Die Angabe der Segmentberichterstattung deutet darauf hin, dass die Analyse der Ertragslage zumindest teilweise auf Basis der einzelnen Segmente erfolgen sollte. Dabei erfolgt die Segmentberichterstattung nur bis zum EBIT. Kennzahlen, die sich hier für die Analyse anbieten, sind EBIT-Marge, Material- und Personalaufwandsquote und Anteil Umsatz / EBIT je Segement am Gesamtumsatz.

■ Es ist auffällig, dass die Ertragssteuern das Ergebnis vor Steuern übersteigen. Diese „Anomalie" sollte kommentiert werden.

Demzufolge kann eine mögliche Analyse wie folgt aussehen:

	Segment A	Segment B	Segment C	Gesamt
EBIT Marge: $\dfrac{EBIT}{Umsatz} \times 100$	2,7 %	- 4,6 %	9,0 %	1,4 %
Materialaufwandsquote: $\dfrac{Materialaufwand}{Umsatz} \times 100$	82,3 %	59,2 %	11,7 %	66,1 %
Personalaufwandsquote: $\dfrac{Personalaufwand}{Umsatz} \times 100$	6,2 %	35,2 %	52,1 %	20,8 %
Umsatzsegmentanteil am Gesamtumsatz	57,4 %	29,3 %	13,3 %	100 %
EBIT-Segmentanteil am Gesamt-EBIT	110,3 %	- 95,2 %	84,9 %	100 %

Folgende Punkte sind anzumerken:

■ EBIT-Marge erscheint sehr niedrig: Hier sollte ein Branchenvergleich durchgeführt werden, um festzustellen, ob die niedrige Marge branchenbedingt oder vom Unternehmen verschuldet ist.

■ Materialaufwandsquote erscheint sehr hoch: Hier sollte wiederum ein Branchenvergleich durchgeführt werden.

■ Segment B hat ein stark negatives EBIT, was das Gesamt-EBIT deutlich belastet.

Die genannten Punkte sollten mit Hilfe von Folien- und Flipchart-Darstellungen präsentiert werden. Des Weiteren sollte auf die hohen Ertragssteuern hingewiesen und mögliche Ursachen genannt werden. Beispiele hierfür sind:

■ Betriebsprüfung führt zu hohen Steuernachforderungen

■ Handelsrechtlicher Gewinn niedriger als steuerbilanzieller Gewinn, z. B. aufgrund der Bildung einer Drohverlustrückstellung. Dies führt zu latenten Steuern.

| 2. Empfehlungen an das Unternehmen

Mögliche Beispiele sind:

- Das Unternehmen sollte versuchen, den Einfluss von Segement B auf das Gesamtergebnis zu minimieren, z. B. durch Deinvestition.

- Da das Unternehmen eine hohe Materialaufwandsquote hat, ist das Ergebnis sehr anfällig für Anstiege der Einkaufspreise. Hier sollte durch langfristige Lieferverträge und Sicherungsgeschäfte versucht werden, die Einkaufspreise konstant zu halten.

- Vor allem Segment C ist sehr profitabel (EBIT-Marge von 9 %). Hier ist zu überlegen, ob das Segment ausgebaut werden soll. Nachteilig ist dabei, dass das Segment sehr personalintensiv (Personalaufwandsquote von 52,1 %) ist. Dies kann zu hohen Fixkosten führen. Hier kann das Unternehmen eventuell durch Leiharbeiter und flexible Vergütung versuchen, die Personalkosten variabel zu halten.

- Eventuell sollte das Unternehmen eine Benchmarkanalyse durchführen lassen, um Effizienzsteigerungspotentiale zu erkennen. Vor allem im Bereich des Materialaufwands besteht eventuell Einsparpotential, z. B. durch Verhandlung von Skonto und Rabatten.

Schlagwortverzeichnis